Labirintos do TEMPO

Revisão de textos:
Luciana Raquel Castro

Capa:
Fabricio Picone

Diagramação:
Diego Catto Val

ISBN: 978-85-88886-36-0

www.editoraisis.com.br
contato@editoraisis.com.br

MARIA ROSA RODRIGUES DA SILVA OLIVEIRA

Labirintos do TEMPO

Editora ISIS

Índice

Introdução

Soube desta história um dia desses. Ela me foi contada por um jovem que conheci no centro onde freqüento. Tive muita pena dele, pois sei que, de alguma forma, ele ainda se sente culpado pelo ocorrido. Foi difícil convencê-lo a se perdoar e levar sua vida adiante,já que ninguém pode mudar o passado.

Durante a nossa conversa ele falou de muitas coisas que o incomodavam e perguntou sobre muitas outras. Percebi que ainda tinha muitas dúvidas sobre as questões espirituais, principalmente no que se refere à continuidade da vida em outro plano. Pensou se aquilo poderia ser obra do Demônio para ludibriá-lo. Questionou também se era justo sofrer aquela perda enorme, sendo que os meninos, aos quais estava se referindo, eram bons e ainda tão jovens que nem tiveram tempo de fazer grandes maldades. E ele, com inúmeros planos para sua vida e passando por aquele processo difícil... Ainda não aceitava o fato de estar em uma cadeira de rodas enfrentando tantas limitações, além de ter que suportar a perda de seus três amigos.

Com muita calma e serenidade, lhe falei sobre os planos que Deus tem para nós e de Sua infinita sabedoria. Disse-lhe, também, que nada era por acaso, que se ele estava naquele estado, tinha que haver uma razão, e que era preciso muita calma para achar as respostas e a serenidade para aceitar essa situação. Disse-lhe ainda que o fato de estar numa cadeira de rodas, não significava invalidez ou perder a capacidade de continuar sonhando; por mais estranho que possa parecer aos nossos olhos, uma adversidade pode até representar uma grande oportunidade para o nosso crescimento, evolução moral e espiritual. Deus, que nos conhece a fundo, dota-nos com todas as ferramentas necessárias para que busquemos outras alternativas para nos tornarmos melhores. Tão ou mais importante que andar é viver. Viver intensamente com o coração pleno de alegria e gratidão, pois quem aprende a viver bem, aprende a ser feliz.

Depois de muito chorar e ainda entre soluços, ele me disse que havia escrito um relato sobre sua tragédia pessoal. Disse-me também que, no começo, fez seus registros apenas por distração, mas depois que recebeu pelo correio um calhamaço de papéis e viu que se tratava do outro lado da história em que ele também era personagem, sua cabeça dera um nó e era por esse motivo que estava ali no centro. Precisava desenvolver algumas pesquisas, buscar respostas plausíveis para aquele mistério e se aprofundar um pouco nos estudos relativos às questões espirituais. Também desejava arranjar um jeito de tornar público todo aquele material. E arrematou dizendo:

— "Todo mundo precisa saber disto. Urgente!"

Antes de sair, pediu-me para ler seus escritos, pois tinha medo que estivesse ficando louco e, se eu achasse que tudo aquilo era verdadeiro, ele precisaria da nossa ajuda para dar um encaminhamento adequado.

...

Não é comum fazermos isso, mas o moço estava tão angustiado que fiquei com pena dele e acabei aceitando essa incumbência. Apanhei o calhamaço de papéis e pus numa sacola. Ele me abraçou e saiu dizendo-me que voltaria nas próximas segundas-feiras para tomar os passes e conversar um pouco mais, além de querer saber minha opinião sobre os escritos.

Foi muito bom ver brilhar em seus olhos a luz da esperança.

Assim que cheguei em casa, comecei a leitura.

•••

Capítulo 1 2 3 4 5 6 7 8 9 10 11 12 13 14 15 16 17

Por que escrever

Meu nome é Tarcísio. Tenho dezenove anos e sou estudante universitário. Não sou praticante de nenhuma religião, mas ultimamente tenho pensado muito em Deus. Visitei várias igrejas de orientações doutrinárias diferentes, inclusive, estou até com medo de continuar vendo a bíblia como um carrasco. Sou humano, vivo no mundo e, como tal, tenho muitas falhas. Não posso me transformar em um anjo de uma hora para outra. Tenho muitas dúvidas, principalmente sobre o que é ou não justo. Preciso de respostas, pois me parece que Deus, ou a minha compreensão Dele,é diferente da letra nua e crua. Não consigo aceitar a forma como Ele me tem sido apresentado. Será que estou andando na contra mão?

Este ano comecei um curso de letras mas ainda não sei se é isso mesmo que quero. Há dois anos eu tinha outros sonhos muito diferentes. Queria fazer muitos cursos, tinha muita vontade de prestar vestibular numa Universidade Pública bem longe de minha cidade só para ter a oportunidade de sair de casa. Não é que eu não goste de morar com minha mãe, pois ela é uma pessoa adorável e eu a amo muito. Eu pensava que ir morar sozinho ou com um grupo de amigos ia ser meu passaporte para a liberdade. Ia livrar-me dos sermões que, na verdade, eram apenas bons e sábios conselhos; das broncas que recebia muitas vezes por pequenos vacilos; e dos "nãos". Morando sozinho poderia passar a noite inteira no Orkut, se assim o quisesse, poderia dormir e me levantar no horário que eu decidisse, sair com os amigos, beber, "catar muié", enfim, eu teria a tão sonhada liberdade sem precisar ouvir sermão de ninguém... Não é que eu vivesse preso o tempo todo, mas ansiava pela sensação de ser dono do meu próprio nariz, estar "por minha própria conta e risco".

Mas aconteceu uma coisa, algo muito grave que mudou minha vida. Fui obrigado a refazer meus planos, parar e repensar a vida novamente. Como minha avó costuma dizer, "a gente faz um plano e Deus faz outro". Ele sempre consegue escrever certo pelas linhas tortuosas de nossas vidas. Nem sempre esta compreensão é fácil e a aceitação da realidade é ainda mais difícil. O remorso pode remoer nossa alma, enchendo-nos de culpa, mas não podemos mudar o passado. A vida precisa continuar, porque só o presente pode transformar o futuro; e este sempre será fruto de nossas escolhas. Embora eu compreenda isso agora, lidar com minhas lembranças ainda me traz grandes sofrimentos.

Foram dois anos de muitas mudanças. O carro que meu pai havia me prometido como presente de aniversário e prêmio diante da possibilidade de ser aprovado no vestibular em uma Universidade Pública acabou sendo transmutado em um veículo bem menos atrativo: uma cadeira de rodas! Quando a vi pela primeira vez, cheguei a desejar ter morrido junto com meus amigos a ter que enfrentá-la. Imergi em uma grande angústia permeada de momentos de profunda depressão. Agora já fizemos as pazes e até consigo vê-la como aliada, mas ainda tenho aqueles dias em que todas as perguntas se perdem num silêncio aterrador.

Hoje, aos meus dezenove anos, me vejo como se tivesse trinta. Aquele turbilhão de idéias de liberdade total, noitadas e bagunça, converteu-se em longos períodos no hospital, muitas horas de fisioterapia e muita reflexão sobre a vida e as demais coisas que realmente são significativas. Eu sei que Deus é bom, muito bom, e estar vivo é uma dádiva maravilhosa.

Como já disse, sou estudante de Letras. Por conta de minha paraplegia decidi ficar por aqui mesmo, em uma faculdade particular próxima à minha casa. Ainda estou no começo do curso, mas já estou ousando dar os primeiros passos nesse novo projeto de vida. Tenho contado tantas vezes para os meus colegas sobre a tragédia pela qual passei, que resolvi escrevê-la. Talvez possa servir como lição para outros jovens que, como eu, pensam que a vida se resume em sexo, drogas e baladas. Hoje tenho consciência que viver é muito mais importante; que família é muito mais; que responsabilidade para com a vida é tudo; que ninguém está aqui por acaso. Além disso, diante do que descobri depois da carta que me foi endereçada de forma tão misteriosa, creio que tenho nas mãos uma grande responsabilidade e devo fazer o possível para cumprir o meu papel.

Então vamos lá!

•••

Capítulo 1 **2** 3 4 5 6 7 8 9 10 11 12 13 14 15 16 17

O Grupo

Eu tinha três amigos daqueles que consideramos inseparáveis, tão amigos que parecíamos irmãos. É bem provável que se fôssemos irmãos não nos déssemos tão bem, e não nos amássemos tanto.

Claudinei, seu primo Valter e eu morávamos na mesma rua e nos conhecíamos desde criança. Crescemos juntos, brincando, ora em minha casa, ora na casa deles. Eu conheci Daniel quando cursávamos o pré-primário e até quase o final do Ensino Médio estudamos na mesma escola. Posso dizer que também crescemos juntos e a amizade que desenvolvemos foi tão forte que nos manteve ligados por um elo indissolúvel, daqueles que não se rompe de forma alguma, nem mesmo com a morte.

Quando nos separamos, eu e ele tínhamos a mesma idade: dezessete anos. Claudinei tinha quinze e Valter, nosso mascote, quatorze.

Nascemos todos em São Bernardo do Campo e aprendemos a amar nossa cidade, ainda que desejássemos que ela tivesse mais e melhores atrativos. Mesmo assim sentíamo-nos privilegiados por estarmos próximos à região do Riacho Grande e relativamente perto do litoral. A gente sempre gostou de andar pelo mato e de ver bichos e já tivemos a grata experiência de pescar na Represa Billings, mais por estar perto da região de mata atlântica que pelos peixes que pescávamos e soltávamos em seguida. O Riacho parece ser o melhor lugar da cidade.

Como éramos amigos de longa data, sempre saíamos juntos e nossos pais, por se conhecerem e também conhecerem todos do grupo, não se importavam quando pedíamos para ir ao shopping, a alguma pizzaria ou pastelaria. Eles sempre confiavam em nós porque sempre voltávamos no horário que havíamos combinado.

Nossa amizade era muito gostosa. Parecia mesmo que éramos irmãos. Em nossas saídas tudo era pura diversão. A gente não tinha muito dinheiro porque dependíamos da mesada que recebíamos de nossos pais (uma ninharia, diga-se de passagem), mas conseguíamos nos divertir assim mesmo.

Valter, nosso mascotinho, vivia rindo. Ria de tudo, fazia piada de tudo, fazendo a gente rir com ele, e era, também, o mais chorão. Chorava de raiva, chorava de tristeza, chorava de alegria... O garoto era um poço de emoção. Era muito bom tê-lo no grupo. Às vezes ele se empolgava com algo e sua emoção o levava às lágrimas. Então a gente ria de seu choro e ele acabava rindo também, de si mesmo, de suas próprias lágrimas. E quando, na escola, contávamos aos colegas da classe sobre seu riso e choro misturado, ele quase sempre chorava de raiva. Então todo mundo ria e ele acabava rindo de novo. Era uma verdadeira festa.

Um dia na escola, durante a partida final do campeonato interno de futebol de salão, Valter conseguiu bater seu próprio recorde de choro e riso. Foi muito engraçado. Ele chorou porque não foi escalado para o time; chorou porque o Evandro, nosso melhor zagueiro, se machucou e teve que deixar a partida ainda no primeiro tempo; chorou porque foi chamado para ficar no banco de reservas; chorou porque o time estava perdendo; chorou porque ele entrou em campo, porque fez um gol e porque viramos a partida; e, finalmente desabou, quando o time adversário fez mais gols e virou o jogo. Passada a avalanche de lágrimas, ele acabou rindo quando alguém lhe contou quantas vezes o viu chorar e rir. Foi realmente um recorde pessoal, que ele mesmo fazia questão de contar, rindo de si mesmo.

Claudinei, primo do Valter, era o mais agitado. O negócio dele era tentar estar em todas. Parece até que queria viver uma semana em um dia, todos os dias. Queria jogar todas as modalidades dos jogos interclasse, dos jogos escolares, queria estar na banda da escola, participar de todos os festivais, beijar todas as meninas. E o danado era bom em quase tudo. Não sei de onde conseguia tirar tanta energia. Ele mesmo se autodenominava "o cara" e como num afago em seu ego, nossos colegas faziam questão de reforçar sua vaidade apresentando-o às meninas como "o cara". O cara que joga tudo, que manda bem nos teclados, que canta, que organiza as coisas e que é legal à beça. Era um garoto conhecido na escola inteira e querido por todos. Para mim também, que tive a sorte de conviver com ele, ele era mesmo o amigo, o irmão, "o cara" melhor do mundo.

Daniel era o mais reservado do grupo. E também o mais sensato. Era ele quem sempre saía com umas tiradas de adulto, nos alertando para as conseqüências de nossas mancadas. Muitas vezes evitamos fazer alguma besteira por causa dele. Mas não era chato. Quando não concordava com alguma coisa ele apenas dizia: " Não gosto dessa idéia. Não estou a fim. Se vocês querem ir em frente, fiquem à vontade. Eu tô fora!".

Então ele explicava o porquê e a gente acabava concordando e desistindo também. Dani era um garoto de ouro e onde quer que esteja agora está irradiando energia boa, como um raio de luz.

Quanta falta ele me faz! E quanta saudade eu sinto! Creio que este vazio deixado pela ausência dele e dos outros dois companheiros e esse amor que descobri dentro de mim é que me dão forças para continuar vivendo. Vejo agora que meus amigos merecem que eu perpetue as experiências vividas durante este pequeno espaço de nossas vidas.

Não é tão fácil assim falar de nós. Minhas mãos estão trêmulas e meu coração apertado, mas vou fazer um grande esforço para continuar escrevendo. Que Deus me ajude.

•••

A Aventura

Deu um trabalho enorme convencer nossos pais a nos deixar realizar aquela expedição. Se não fôssemos tão amigos e se eles não nos conhecessem tão bem é provável que nem tivessem deixado. Mas eu, como líder do grupo, insisti tanto que eles acabaram concordando. Afinal, não íamos tão longe. Seria apenas um dia; uma caminhada mais longa e com muitos atrativos.

Ficamos uns quinze dias nos preparando. Parecia que íamos fazer a viagem dos nossos sonhos. Tantos amigos já haviam feito o trajeto com sucesso, e falavam tanto de como a descida da Serra do Mar a pé era interessante, que era só nisso que pensávamos. Ou melhor, esse era o nosso assunto predileto nas últimas duas semanas.

Minha mãe tem uma prima que mora em Cubatão. Enchi tanto a sua paciência que ela acabou aceitando a incumbência de ligar para ela e pedir para nós dormirmos em sua casa de sábado para o domingo. Nosso plano era descer a pé a Serra do mar, pela Estrada Velha de Santos, pernoitar em Cubatão e subir de ônibus no domingo à tarde. À primeira vista não era algo tão complicado assim. Além disso, não íamos sozinhos. Combinamos com outros garotos da escola para nos encontrarmos na Casa de Pedra, o tal ponto de encontro da Marquesa de Santos com o Imperador, fato esse que nem sei se é verdadeiro. O que sei é que o lugar se transformou em um ponto turístico na região e que era lá que nos encontraríamos.

Eu era o mais velho do grupo. Ia completar dezoito anos dali a três meses. Daniel tinha quase a mesma idade que eu, a diferença era de um mês e meio. Claudinei tinha quinze e Valter quatorze. Apesar de eu não ser o "mais cabeça", de alguma forma eu me sentia responsável por todos eles, afinal, a idéia da expedição havia sido minha.

O mais difícil mesmo era segurar a ansiedade. Planejamos e replanejamos tudo nos mínimos detalhes. Tinha que dar certo, porque aquela aventura poderia representar um bom precedente para outras saídas, quem sabe até alguma balada de noite inteira.

Chegara o grande dia. Em nossas mochilas havia comida (lanches, bolachas, chocolates, salgadinhos, água, refrigerantes...) e uma troca de roupa, nada além de camiseta, bermuda, toalha e chinelo. Não era muito, apenas o suficiente para um dia de caminhada e um banho, mas a impressão que tínhamos era de que naquela mochila estava o nosso passaporte para a liberdade, como se o seu peso conferisse aos nossos ombros também o peso da responsabilidade, afinal, quando puséssemos o pé na estrada, estaríamos por nossa conta.

Saímos de casa seis horas da manhã. Nossas mães nos deram inúmeras recomendações, para não variar, pois todas as mães parecem saber a cantilena de cor e salteado. Parece que elas só pensam no pior. "Cuidado com cobras. Cuidado para não se perderem. Cuidado com as pedras escorregadias. Cuidado com não sei mais o quê..." Esse papo de cuidado, cuidado, cuidado... Sentíamo-nos verdadeiros astronautas rumo a um planeta desconhecido e a perspectiva do novo enchia-nos a alma de emoção.

Fomos de ônibus até o Riacho Grande. Ali começava de fato nossa aventura. Antes de sairmos de lá, Claudinei resolveu passar em um supermercado para comprar repelente de insetos, item importante que esquecemos de providenciar. Ficamos esperando por ele no estacionamento.

Ali mesmo no Riacho Grande, ao observarmos a generosidade da natureza naquele pedaço da cidade, começamos a saborear antecipadamente nosso prazer. A paisagem, embora um pouco prejudicada pelo elevado número de casas, muitas delas construídas irregularmente, é linda. A Represa Billings, com suas ilhas e sua vegetação colorida, enche os olhos da gente de cores e a alma de uma gostosa sensação de grandeza. É muita água e muito verde. O ar é diferente, pois o Riacho tem um quê de cidade praiana misturada à cidade do interior. Até seus moradores parecem mais tranqüilos, ou menos acelerados que os moradores do centro da cidade. Nem parece São Bernardo. Dá a impressão de se estar bem longe de casa, fora da cidade. Tirando o trânsito intenso no final da semana, é um lugar nota dez!

Na última aula de Geografia o professor falou algo sobre o Distrito de Riacho Grande; foi a partir dessa aula que resolvemos fazer a viagem. Tínhamos um trabalho de pesquisa para ser feito e precisávamos de algumas fotos ou filmagem do local. Bastava irmos até o Riacho e estaria tudo resolvido. Não tenho vergonha de dizer que usei o trabalho e a necessidade de conseguir uma boa nota como reforço para conseguir o "sim" definitivo de minha mãe. Graças à boa lábia consegui a extensão da viagem até Cubatão. Acho que os meninos também fizeram o mesmo. Só espero que o professor não saiba que fizemos isto, pois não desejo que mais ninguém sinta culpa pelo ocorrido.

Claudinei voltou depois de algum tempo. Nós já estávamos impacientes. Quanta demora para comprar um simples repelente!

— Caramba! Pensei que você fosse comprar o mercado inteiro!

— Tinha fila no caixa. E a moça parecia ainda estar dormindo.

— E devia estar mesmo. São apenas sete horas!

— É que, para completar, o equipamento não lia o código de barras do produto. Fiquei enroscado no caixa. Eu também estou ansioso. Vamos?

— Demorou!

E saímos. Não entendi direito porque Claudinei ficou dando tantas explicações para a demora. Tive a impressão de que estava escondendo alguma coisa, mas não fiz perguntas. Do jeito que gostava de comer tranqueiras é bem provável que estivesse reforçando o seu estoque de bolachas recheadas, balas e salgadinhos. Pegamos a estrada.

...

O caminho pela Estrada Velha de Santos é simplesmente maravilhoso. Uma exuberância capaz de encher os olhos e a alma. Acho que nenhum de nós tinha experimentado antes a prazerosa sensação do contato direto com a natureza. O ar é puro; o cheiro do mato é delicioso; a variedade de plantas e flores é incrível.

Vimos uma quantidade enorme de pássaros e borboletas. Ouvimos cantos de pássaros e outros ruídos da mata até então desconhecidos por nós. Sentimo-nos verdadeiros bandeirantes desbravando a mata. A diferença é que éramos "modernosos" e em vez de foices e facões para abrirmos as picadas, empunhávamos nossas máquinas fotográficas e íamos registrando tudo com grande entusiasmo.

Ao chegarmos à tal Casa de Pedra encontramos alguns dos nossos colegas de classe. Eles decidiram que iriam com outro grupo porque tinham combinado algo. Até achamos melhor assim, nos sentíamos mais à vontade só nós quatro. Assim não precisávamos engolir "frescurite" de ninguém. Despedimo-nos ali mesmo e esperamos que eles desaparecessem na curva da trilha. Abrimos alguns pacotes de bolacha, refrigerantes e fizemos um pequeno aquecimento. Acho que a parada foi uma estratégia para conter nossa ansiedade. Ainda mastigando, seguimos serra abaixo.

A trilha estava bem batida, sinal de que não éramos os únicos aventureiros por aquelas bandas. Mas para nós tudo era novo. Ainda era muito cedo e tínhamos muito tempo. Não queríamos perder nenhum detalhe e curtíamos tudo com grande interesse.

Fazia muito calor e, apesar de estarmos no alto, o ar estava um pouco pesado, sinalizando que mais tarde poderia chover. De onde estávamos dava para ver a cidade de Cubatão lá embaixo e o mar um pouco mais adiante. Que maravilha!

Valter estava empolgadíssimo, fotografando tudo que via pela frente. Tinha utilizado quase toda a memória de sua máquina digital. Fotografava de folhas a pedras. Foi por causa dele e de seu esforço para clicar uma borboleta colorida que saímos da trilha principal e acabamos avistando uma linda cachoeira.

Não era muito grande, mas para quatro garotos citadinos qualquer riozinho vira um manancial e qualquer cachoeira, desde que ao vivo e a cores, ganha contornos de Cataratas de Iguaçu. Era pequena, mas linda. Após as fotos, resolvemos parar para descansar, curtir a descoberta e comer mais um pouco. Por incrível que pareça, apesar de a cachoeira estar relativamente próxima à trilha, as pessoas passavam sem percebê-la.

Daniel observou que sobre uma pedra havia alguns objetos estranhos, certamente deixados por pessoas em rituais de alguma religião. Havia vasilhames de cerâmica contendo farofa amarela, pimentas e velas coloridas. Havia também outras coisas. Demos uma espiada mas não gostamos da idéia de ficarmos ali porque tínhamos medo; ainda mais por não termos nenhum conhecimento mais aprofundado sobre o assunto.

Claudinei pegou uma trilhazinha para outro lado, subiu um pouco a encosta e voltou em seguida. Estava tão emocionado que se engasgava com as palavras.

— Pessoal! Venham, rápido, vocês nem vão acreditar!

Corremos todos.

Uau! Na hora apelidamos a cachoeira onde estávamos de filhotinha. A que Claudinei descobriu era enorme, com uma queda deslumbrante e um visual de emudecer. Era um espetáculo! Nem pensamos duas vezes.

Se de onde estávamos víamos Cubatão lá em baixo, sabíamos que não estávamos longe. Poderíamos subir a encosta, descer para o outro lado e passar um tempo maior por lá, curtindo a cachoeira escondida e o dia de calor. Liguei para a prima de minha mãe, ilustrei a nossa aventura e descobertas o mais que pude e avisei que íamos demorar um pouco, para não se preocupar porque chegaríamos no início da noite. Liguei também para minha mãe, falei da cachoeira que tinha diante dos olhos e de outras belezas, e que já havia dito para sua prima que demoraríamos um pouco mais. Tranqüilizei-a o mais que pude, ainda assim, ela recomendou cuidados e para não esquecermos da hora. Garanti que tudo estava sob controle e que confiasse em mim. Eu era o "chefe" do grupo e assumiria toda a responsabilidade. Pedi que ficasse tranqüila.

•••

Capítulo 1 2 3 **4** 5 6 7 8 9 10 11 12 13 14 15 16 17

As Descobertas

Descemos. Parecíamos crianças abobadas diante daquele espetáculo da natureza. Observamos que apenas uma pequena quantidade da água que caía da cachoeira tomava a direção que culminava com o ponto onde ficava a primeira queda d'água, onde estávamos antes. A maior parte da água tomava outro rumo por trás de uma grande rocha, descendo com um barulho ensurdecedor, provavelmente recebendo mais água de outros pontos e formando outras cachoeiras e lagos em outras áreas da serra.

Onde estávamos parecia um vale, possuía uma vegetação exuberante, muitas rochas e muita beleza para se ver e sentir. Valter não parava de falar e fotografar tudo. Se pudesse ia querer fotografar até o barulho da água caindo sobre as pedras. Claudinei e Daniel pareciam crianças diante de brinquedos novos. E clicavam, e filmavam e falavam pelos cotovelos. Foi deles a idéia de nadarmos pelados para sintetizarmos a verdadeira conquista da liberdade. Estávamos sozinhos ali e sabíamos que era impossível sermos vistos pelas pessoas que usavam a trilha. Não tinha por que deixarmos de aproveitar.

Encontramos um local protegido da água e do mato, sob uma protuberância de pedra. Guardamos nossas coisas e fomos todos nadar. Que festa! Parecíamos anjos brincando num paraíso particular. Nos esquecemos de Cubatão, de São Bernardo, de tudo.

Ficamos tanto tempo na água gelada que a nossa pele ficou toda enrugada. Só saímos do lago porque começamos a sentir frio e também porque os nossos estômagos já reclamavam por comida.

Quando colocamos nossas roupas é que percebemos que a temperatura de fato havia baixado, pois tremíamos de frio. Foi então que Claudinei nos apresentou um litro de conhaque que havia comprado no mercado do Riacho Grande.

Estranhamos aquela surpresa porque não tínhamos o hábito de beber. Só eu e ele já havíamos experimentado cerveja e uma outra mistureba com bebida alcoólica e suco de laranja numa festa de aniversário de uma colega da escola. Hesitei um pouco entre beber ou não, até pensei em brigar com Claudinei por ter comprado aquilo, mas com o frio que sentíamos resolvemos beber um pouco para nos aquecer.

Após o lanche, bebemos novamente, mais para provar a nós mesmos que já éramos adultos que pelo prazer da bebida, pois conhaque puro é fortíssimo; além de descer queimando a garganta, deixou todos nós meio zonzos.

Resolvemos descansar um pouco antes de subirmos o morro por onde chegamos àquele vale. Precisávamos estar descansados para continuar nossa descida até Cubatão. Deveríamos subir o morro e descê-lo do outro lado até a primeira cachoeira; dali caminharíamos mais um pouco até a trilha principal e continuaríamos descendo. Tudo estava sob controle. Estávamos relativamente perto, o que dificultava era a ausência de trilha por ali. Teríamos que fazer o caminho pelo mato, meio no rumo. O problema é que ficamos tanto tempo na água gelada que nossos corpos, após voltar à temperatura normal, estavam meio moles. E depois dos goles de conhaque ficou ainda mais difícil. Recostamo-nos nas pedras para um rápido cochilo. E dormimos...

Dormimos... Não sei por quanto tempo.

...

Apesar de ter bebido mais que todos, foi Claudinei que nos acordou, já denotando grande preocupação.

Acordamos meio assustados e percebemos, já apreensivos, que havia uma forte neblina sobre o local onde estávamos. Parecia que o céu havia baixado sobre nós, pois não tínhamos nenhuma visibilidade do morro a nossa frente. Rapidamente pegamos nossas coisas e tentamos visualizar o local por onde havíamos descido. Impossível. Não tínhamos noção de por onde começar. Sentimo-nos patinando dentro de uma gigantesca nuvem branca. Tentamos assim mesmo, mas o mato estava muito fechado, havia muitas poças de água ou lama, moitas com espinhos e outros obstáculos naturais. Era impossível abrir uma passagem.

Como já estava escurecendo, ou talvez o tempo fechado associado à neblina densa tenha nos dado essa impressão, e não tínhamos lanterna, por segurança, decidimos voltar e passar a noite sob a pedra onde estávamos. É lógico que esta idéia não estava nos nossos planos, mas não havia outro jeito. Eu tentei ligar para a prima de minha mãe, em Cubatão, mas o celular não dava sinal. Fiquei muito preocupado comigo, com os meus amigos que de certa forma estavam sob minha responsabilidade, com a prima, com todo mundo. Deus sabe o quanto sofri para disfarçar o desespero, mas não havia o que fazer.

Com sacrifício, trombando aqui e ali em troncos e pedras, voltamos para a nossa mini-gruta e ficamos lá, rindo de nossa estupidez, ou de nervosismo, e tentando nos conformar com a situação.

Não tínhamos fósforos e nem agasalhos adequados. Sorte é que havia sobrado alguns pacotes de bolacha e salgadinhos, que fomos dividindo entre nós até tomarmos coragem para encarar os fatos, aceitar o manto negro da noite que descia sobre nós e tentar adormecer.

À noite a mata se reveste de um quê inexplicável. Há muitos ruídos estranhos entrecortados de silêncios pesados e intermináveis. Chegávamos a ouvir nossa própria respiração. A gente pouco falava, provavelmente acossados pelo medo que cada um tentava disfarçar do jeito que dava. Tínhamos consciência de que o perigo era real. Nosso cheiro poderia atrair algum bicho perigoso. Se as histórias de caçadores ilegais na serra eram verdadeiras, corríamos o risco até de ser alvejados por um deles, confundindo-nos com alguma caça grande.

Odeio cobras. Só em pensar nelas tenho arrepios. Com tanto mato à nossa volta imaginei quantas delas estariam passeando por ali sem que a gente pudesse ver. Foi dando um medo danado, mas fiquei quieto. Tenho certeza que meus amigos também estavam deglutindo em silêncio sua porção inusitada de angústia.

Sabe-se que os borrachudos se reproduzem em água limpa. Estávamos ao lado de uma cachoeira limpíssima. Nem preciso dizer o quanto sofremos com aquela nuvem de insetos a nossa volta, fazendo aquele zunido insuportável e nos atacando com suas certeiras picadas. Eram tantos que num determinado momento fomos vencidos por eles. Embolamo-nos num canto, colocamos nossas roupas extras sobre as pernas e nos cobrimos com as toalhas. Parecíamos um bando de mendigos encolhidos num beco em noite de frio. Foi uma noite terrível, dessas difíceis de descrever e até de lembrar.

Acordamos assim que o dia clareou. Acordar é pura força de expressão; acho que a grande verdade é que nenhum de nós conseguiu dormir. Fechamos nossos olhos apenas para fugir do escuro; e nos amontoamos para driblar o medo, que de tão grande ninguém ousou comentar depois, fingindo coragem.

Por passarmos a noite toda sentados, encolhidos, literalmente embolados, pois até nossos músculos pareciam retesados pela tensão, nosso corpo doía como se tivéssemos sido surrados. Apesar de acordados não ousávamos nos levantar. Havia ainda um pouco de neblina e muita umidade. Ajeitamo-nos para nos proteger dos pernilongos que se refestelavam com o nosso sangue e ficamos ali mais um pouco, esperando o sol nos atingir.

Algum tempo depois, levantamos, espreguiçamos, comemos os restos de bolachas e começamos a rir de nossa desventura. Por incrível que pareça Valter estava sério. Não chorava e nem ria. Parece que aquela noite operara em seu espírito uma estranha metamorfose.

Todos estranhamos seu silêncio. Perguntei:

— Tudo bem, Valter?

— Tudo.

— Está com fome?

— Não. Só um pouco enjoado.

— Deve ter sido o conhaque. Por que não tenta vomitar?

E Valter não respondeu. Deu uns passos até a água, lavou o rosto e se espreguiçou. Fizemos o mesmo e depois voltamos para nossa “caverninha” para decidirmos nosso dia. Precisávamos avisar a prima de minha mãe sobre o ocorrido.

Fiquei preocupado com nosso garoto. Para quebrar o gelo fiz piada e falei um monte de besteiras. Ele não parecia se empolgar com nada. Chamei-o de lado e perguntei de novo se estava tudo bem. Ele disse que estava com sono, que o pouco que conseguiu dormir foi pior do que ficar acordado no escuro ouvindo barulhos esquisitos. Disse que teve uns sonhos estranhos e que, tentando fugir do pesadelo, passara quase toda a noite em claro e que tivera muito medo. Esteve rezando boa parte do tempo para que o dia clareasse logo e voltássemos para casa. Prometi-lhe que voltaríamos logo. E que ficasse tranqüilo, confiasse em mim.

...

Onde estávamos o celular não tinha sinal. Então subi o morro, liguei e avisei para a prima de minha mãe que estávamos todos bem. Expliquei resumidamente o ocorrido e disse que não iríamos à sua casa, que assim que chegássemos em Cubatão iríamos direto para a rodoviária, pois queríamos chegar mais cedo em casa.

Liguei também para minha mãe e contei tudo, ou quase tudo. Disse para não se preocupar, que chegaríamos em casa no fim da tarde.

Foi Claudinei quem sugeriu passarmos parte do dia por ali. Em Cubatão não tínhamos muito o quê ver. Se ficássemos ali aproveitaríamos muito mais. Era só ficarmos atentos ao horário e sair por volta do meio dia. Nesse horário com certeza o sol estaria forte e o céu muito claro; não seríamos surpreendidos novamente pela neblina.

Todos concordaram, inclusive Valter, que já estava bem melhor e mais animado. Daniel não era mesmo de falar muito, mas como ainda era muito cedo também não se opôs.

Resolvemos andar um pouco por ali para explorar melhor o ambiente e fazer mais fotos.

Começamos a subir a encosta para vermos de onde saia a cachoeira. Num determinado ponto percebemos que havia uma espécie de corte na rocha, preenchido parcialmente com fortes troncos de árvores. Feito macacos, trepamos nos galhos das árvores e fomos descendo por eles, já ansiosos para vermos o que havia ali.

Os raios do sol atravessando a copa das árvores e as gotículas de água ainda em processo de vaporização criavam um espetáculo de cores. Parecia que estávamos numa nascente de arco-íris, diante de nosso pote de ouro. Era realmente lindo de se ver. E para completar a cena, uma nuvem de borboletas coloridas fazia uma bela coreografia alternando-se entre pousar numa pedra e voar em torno de algum objeto.

Por que era doido por borboletas, Valter não perdeu tempo. E nem nós. Ninguém queria perder a oportunidade de "clicar" aquela cena maravilhosa.

Então terminamos a descida, ainda boquiabertos com o inusitado balé suspenso, um espetáculo de rara beleza diante de nossos olhos. Ficamos ali alguns minutos, extasiados, contemplando aquela nuvem multicor.

Daniel, que se afastou um pouco para urinar, deu o alarme:

— Uau!

— Que foi, Dani?

Ele nem olhou para nós. Parecia uma estátua com os olhos arregalados.

— Venham ver!

Meu Deus! Perdemos a voz e quase perdemos o fôlego também. O que tínhamos diante dos olhos era tão esplêndido que fomos invadidos por uma avalanche de emoções. Foi o choro mais bonito que registrei no rosto de Valter. No meio de um esplendoroso sorriso as lágrimas desciam como pérolas prateadas. Ele imergiu num profundo silêncio, em completo êxtase, como se querendo sorver inteiramente as essências do local. Foi se aproximando devagar, tocando as pedras feito carícias em pétalas de rosas. Parecia um ser iluminado em estado de graça.

Os raios de sol que entravam por uma abertura no topo iam dando um colorido especial às formações rochosas das paredes, fazendo com que o lugar parecesse um santuário especial.

Estávamos tão extasiados que nem falávamos. Nenhum de nós havia estado antes numa caverna. Até Claudinei, que era mais durão, parecia uma criança brincando com os raios do sol em um inusitado teatro de sombras. Seu corpo e suas mãos diante dos raios projetavam formas engraçadas nas paredes de pedra. Nós três ficamos observando, sem palavras, como se aquele momento precisasse de alguma reverência.

Eu queria saber descrever com detalhes, mas acho que nem o melhor dos poetas conseguiria as palavras adequadas para captar a poesia daquela cena.

Após o primeiro impacto com a visão da entrada, vimos mais adiante inúmeras pontas de estalactites brilhando com o sol. Avançamos um pouco e mais embasbacados ficamos. Havia centenas delas, partindo de uma grande abóbada. Não conseguíamos ver o começo delas e nem a altura do teto porque a entrada de luz era muito pequena e o salão muito grande e irregular. Se tivéssemos uma boa lanterna com certeza veríamos muito mais.

Daniel nem falava. Observava tudo, fotografava e mal continha a emoção. Fui eu quem o acordou do "quase transe".

— Perdeu a língua, cara?

— Mas não é de perder até o fôlego?

— É maravilhoso!

— E parece ser virgem ainda. Será que vamos passar para a história como os descobridores deste lugar?

— Com sorte darão nossos nomes a este paraíso...

— Caraca! Nunca imaginei um lugar desses aqui!

— E tão perto da cidade!

— Pois é. Sorte é que ainda não descobriram, caso contrário não estaria assim tão bonito. Tomara que não descubram, senão vão destruí-lo.

— É. Nem todo mundo tem consciência ecológica. Se o povaréu descobre isto, é um prato cheio para os campistas, sem contar que é um esconderijo perfeito para drogas e armas.

— E até para bandidos. Quem vai imaginar um lugar desses no ventre da serra? Mesmo se acenderem fogo não dá para se ver a claridade de nenhum ponto. Nem o som vai se propagar. Com água em abundância e um abrigo desses dá para se ficar aqui a vida inteira. Esse lugar parece mágico...

Depois do salão havia outros pontos de luz. Daniel deu alguns passos atravessando a parte escura em direção à luz. Fez sinal com a mão. Seguimo-lo.

Havia uma corrente de água bem limpa e gelada sob uma pedra. O lugar não estava muito claro e o teto não era tão alto. O que mais chamou a nossa atenção foi a quantidade de estalactites e estalagmites formando um interessante labirinto de torres. Algumas delas sugerindo, na parte central, lindas esculturas de anjos abraçados. Em outras "víamos" mulheres ostentando longos vestidos em cujas dobras do "tecido" divisávamos a brancura do cálcio formando belos nuances de sombra.

Era tanta beleza que mal podíamos acreditar que aquilo era real. Parecia um cenário de sonhos.

A água que saía por baixo da pedra seguia o fluxo por outra extremidade. Devido a escuridão não era possível visualizar seu curso. Apenas o imaginávamos pelo som. E tínhamos a impressão de que havia mais água por perto porque ouvíamos barulho de corredeiras.

Claudinei andou um pouco, contornou algumas pedras e torres, subiu num pequeno platô e olhou por uma abertura na rocha de onde vinha um discreto raio de luz. Gritou:

— Vocês ainda não viram nada!

— O que foi, Dinei?

Ele nem respondeu. Retirou uma pedra que estava obstruindo a passagem, enfiou a cabeça pela abertura, contorcendo-se feito uma serpente, atravessou para o outro lado sem dar bola para os nossos chamados.

Também não pensamos duas vezes e, mortos de curiosidade, fizemos o mesmo. E então entendemos porque ele não nos deu ouvidos. Parecia que o Criador fizera daquele lugar o Seu laboratório de testes da emoção humana. Acho que foi o cenário mais lindo que vi até hoje. E ficou impregnado em minha alma como uma tatuagem, de modo que, com toda certeza, jamais poderá ser esquecido. Nem Valter, que se preocupava em clicar tudo, pensou em foto naquele momento. Todos ficamos meio engasgados, inebriados pela beleza.

Havia cristais por todo lado. E escadarias de pedra cuidadosamente dispostas ao redor, formando um teatro natural. Num instante fui à Roma antiga. Passou como um filme diante de meus olhos cenas de cristãos lutando com leões no centro daquela arena, cercados por uma inusitada platéia. Dali de cima senti-me um verdadeiro Imperador, um espectador privilegiado.

No centro da "arena" havia um lago transparente cujas águas recebiam do alto os raios do sol e estes se refletiam nos cristais ou em outros tipos de pedras coloridas espalhadas no local. Parecia um salão com um globo de luz girando sem parar.

Não víamos de onde surgia a água que alimentava o pequeno lago nem sabíamos se ali era a nascente. Percebemos apenas que a entrada da água era abundante e que o excesso escapava por várias direções, formando corredeiras.

Em algumas áreas a água era tão forte que a abertura não era suficiente para a vazão, fazendo com que a própria natureza providenciasse pequenos gêiseres, como fontes artificiais de gotículas brilhantes ao reflexo da luz.

Após uma breve e cúmplice troca de olhares, tiramos nossas roupas, descemos e mergulhamos naquele banho de água e luz.

Dentro do lago, que mais parecia uma enorme banheira de hidromassagem, havia escadas naturais. Sentíamos a água subindo, se misturando e refletindo os raios do sol em várias direções. O teto era altíssimo, mas os raios do sol mostravam-nos grandes raízes penduradas formando um cenário espetacular. Nas laterais as estalagmites haviam se transformado em torres dando idéia de muitos labirintos com entradas secretas. Talvez nem fossem estalagmites; o mais provável é que fossem rochas desgastadas. Fiquei pasmo, meio esquecido num vão do tempo sorvendo a gostosa sensação de flutuar dentro de uma grande bola de cristal.

•••

Capítulo 1 2 3 4 5 6 7 8 9 10 11 12 13 14 15 16 17

A Tragédia

Não sei quanto tempo ficamos ali. O que sei é que não percebemos que os raios do sol foram se transformando numa claridade esbranquiçada e que o lago foi crescendo e ficando cada vez mais profundo. A gente ia retrocedendo na escada, com medo da fundura, mas era muito gostoso ficar ali. Sentíamo-nos verdadeiros políticos romanos em sua sala particular de banho. Só faltavam as mulheres para nos ensaboar. De resto, parecia que aquilo era o céu.

Dava a impressão de que estava ficando nublado lá fora porque começamos a sentir a mudança da temperatura. Em vez do calor que vinha do alto sentíamos ondas de frio acompanhadas de correntes de vento.

Saímos do lago, colocamos as roupas e percebemos que nossa pele estava enrugada e meio roxa. De repente sentimos um frio danado e resolvemos tomar o resto do conhaque para tentar conter a tremedeira coletiva. Precisávamos sair logo dali, mas queríamos registrar o achado. Caminhamos até a outra extremidade da "arena" para tirarmos algumas fotos antes de sairmos.

O lugar ficou escuro subitamente. Tão escuro que mal podíamos enxergar um ao outro, era como uma queda total de energia no meio da noite. Uma torrente de água começou a cair pelo local de onde antes vinha a luz, lá no alto, e o lago, que já vinha aumentando o volume de água enquanto nadávamos, começou a subir assustadoramente. Outras corredeiras começaram a se formar, tanto em direção ao lago, aumentando ainda mais o volume de água, quanto em outras áreas de escape. De repente sentimo-nos dentro de um grande liquidificador.

Como estávamos num platô em outra extremidade e um pouco acima da abertura por onde entramos, a travessia pelas pedras no escuro e com água vindo de tantas direções ficou complicada. Era prudente não arriscarmos. Melhor seria esperar um pouco até a água baixar e torcer para que a chuva também parasse para podermos dar a volta. O problema é que o lago parecia um panelão de leite. Subindo, subindo, subindo... Em poucos minutos a água atingiu nossos pés.

Subimos um pouco mais para nos proteger e nos amontoamos num vão de pedra; mesmo assim a água continuou subindo até molhar nossos tênis e parte das roupas. O local por onde entramos já estava há muito submerso e provavelmente dando grande vazão à água do lago, formando corredeiras e aumentando ainda mais o barulho.

Estávamos todos apavorados, feito ratinhos encolhidos diante da fúria da natureza.

A chuva não parava. O lago não baixava. O barulho aumentava. O frio apertava. E a fome também. O desespero ia nos aprisionando em suas garras e o medo se avolumando como uma nuvem negra.

Daniel sugeriu rezarmos.

A gente mal conseguia se concentrar, pois a todo instante uma onda de água gelada nos atingia. Não tínhamos mais do que pedras limosas para nos segurar, e não víamos nada, nem mesmo uns aos outros. Ainda assim tentamos rezar o Pai Nosso, mas nos perdíamos o tempo todo. Nem sei se conseguimos ir até o fim por que cada um instintivamente resolveu rezar do seu jeito, se apegar a alguma força maior do jeito que conseguia.

Tremíamos todos. De fome, de frio, de medo, de arrependimento, de remorso. Chorávamos de nos sacudir a cada onda gelada que nos atingia. Faltava-nos o ar e a capacidade de raciocínio. A hipotermia e o desespero nos tornavam vulneráveis, incapazes de ensaiar qualquer reação. A água já nos atingia, só nossa cabeça estava para fora. Sabíamos que não havia para onde correr. O frio doía na alma, por isso a gente tentava se manter grudado.

Num determinado momento acho que fomos arrancados de onde estávamos. Ouvimos os gritos abafados uns dos outros, mas não dava para saber o que estava acontecendo. Tive a impressão de termos caído num caldeirão fervendo. Sei que uma forte correnteza me levou e fui girando, batendo o corpo nas pedras. Fiquei enroscado numa passagem estreita bebendo muita água até ser desenroscado e atingido, mais adiante, por uma forte pancada na cabeça. Não vi mais nada.

...

Voltei à vida por alguns breves momentos, mas tudo estava muito confuso. Eu não tinha forças para nada, parecia estar perambulando dentro de um sonho interminável. Eu acordava e apagava logo em seguida, como se quisesse fugir da situação. À tona mesmo, só voltei na terça-feira. Quando senti minhas costas queimando, com imensa dificuldade abri um dos olhos e percebi que estava enroscado num tronco. Eu não tinha força nem noção alguma de onde estava. Apenas uma parte do meu corpo estava para fora da água. Eu não sentia fome e nem frio. Estava meio morto. Fechei novamente o olho e me deixei ficar, esperando que a correnteza me levasse e que tudo acabasse logo.

O sol ardia em minhas costas e em minha cabeça. Eu não sentia as pernas mas meu cérebro começou a entrar em ebulição, parecendo fervilhar. Muitas imagens vinham e voltavam. Sentia a mão do Valter apertando a minha, via os olhos do Dinei apavorados diante do turbilhão de água, ouvia Daniel chorando. Meu Deus, será que estariam por ali precisando de minha ajuda? E porque eu não conseguia me mexer? Será que eu estava morto? As idéias e as imagens continuavam a se misturar. Fechei os olhos e pedi forças a Deus.

Tentei mexer meu braço ensaiando uma reação, mas vi que estava quebrado, torto e muito inchado. Vi também que o ombro que me prendia ao galho da árvore estava muito esfolado e era impossível movimentá-lo porque a clavícula havia sido fraturada. Ao tentar me mexer, senti dores horríveis, como se meu corpo inteiro tivesse passado por um moinho. Será que eu estava morto? Quando eu era pequeno vivia me perguntando se morrer doía. Naquele momento vi-me diante de uma possível resposta: dói e continua doendo... Devo ter desmaiado. Aquilo era tão confuso que eu realmente desejei que acabasse logo. Se eu estava morto, que minha alma tomasse logo o seu rumo. Eu queria ficar em paz. Aquela realidade era muito ruim e sofrida. Fechei os olhos e tentei fugir com o pensamento para bem longe...

Só voltei à realidade já dentro do helicóptero na companhia dos "santos" bombeiros que me resgataram. Num primeiro momento achei que tinha chegado ao céu, pois meu sangue havia voltado a circular e eu estava me sentindo aquecido e em segurança. Lembrei-me de repente que deveria me preparar para a prestação de contas a Deus. Eu tinha que dar conta de meus amigos às suas mães e ter coragem suficiente para assumir minhas culpas. Não dava para voltar atrás e reverter os fatos. Teria que assumir minha culpa e me conformar com o purgatório até o dia do juízo final. Com sorte, poderia receber o perdão dos meninos, pois eles me amavam como um irmão e sabiam que eu não tinha culpa, mas eu teria de conviver com a revolta de suas mães e também com o meu remorso. Se eu estava morto, aquela quentura no meu sangue poderia já ser um prenúncio do fogo do purgatório; se eu estivesse vivo, aí sim, o resto de minhas reflexões naquele momento fariam sentido. Eu estava muitíssimo confuso. De qualquer forma, não adiantava sofrer por antecipação. Suspirei profundamente e relaxei.

•••

Sofrimento

Até as sete horas da noite do domingo minha mãe ainda estava relativamente tranqüila. Havia ligado para sua prima e ela também tinha sido informada de que voltaríamos à tarde. Com a forte chuva que caía e por ser domingo, calculou que, como sempre, houvesse muito trânsito na serra devido à subida dos turistas e que era intensificado por conta da chuva. Tentou ligar no meu celular e no dos outros meninos, mas não havia sinal em nenhum. Com toda aquela chuva de escurecer o tempo, e ainda na serra, era difícil mesmo falar em qualquer celular. Mesmo assim, conforme me disse depois, alguns pensamentos intrusos começaram a se avizinhar de sua mente de mãe.

Ligou a televisão e ficou acompanhando os noticiários. Observou que houve enchentes em vários pontos da cidade e a chuva, acompanhada de fortes relâmpagos e trovoadas, continuava a cair. Era de dar medo. E como estava sozinha em casa, sentia-o ainda mais intenso.

Por volta das oito e meia da noite faltou energia e a cidade inteira imergiu numa pesada escuridão. Minha mãe sabia que havia uma forte justificativa para o nosso atraso, mas seu pensamento começou a dar voltas por cenários estranhos. Segundo contou depois, não conseguia pensar em nada que prestasse. Sozinha em casa e à luz de velas sua mente se projetava em acidentes, quedas de barreiras na estrada, situações de desespero. Ligou para a casa de Daniel e constatou que a mãe dele também estava inquieta pela falta de notícias. Diante das circunstâncias as duas tentaram aceitar o atraso, embora muitíssimo apreensivas.

Por volta das dez e meia, já com a energia restabelecida, soube-se que houve um deslizamento de encosta na serra do mar e que o trânsito estava realmente parado. Os veículos estavam voltando para tentar subir pela Via Imigrantes, cujo trânsito também estava intenso por conta da chuva e de vários acidentes. Com certeza ia demorar muitas horas até que a pista da Via Anchieta fosse desobstruída. Não havia mesmo o que fazer, a não ser esperar.

Parece que o caos havia se instalado na Serra do Mar. Pela televisão via-se uma grande quantidade de helicópteros, da polícia e também de equipes de reportagens, monitorando e informando sobre os acontecimentos. O clima geral era de dúvidas e inquietações. Havia de fato muitos acidentes e grande movimentação de carros de resgate e de polícia. A tensão estava no ar, só restava às mães rezar e confiar em Deus para que tudo desse certo.

Então Dona Neide, minha querida mãe, sentou-se no sofá e pôs-se a rezar. A essa altura já não conseguia concatenar as idéias, nem controlar o pensamento. Fechava os olhos e tentava visualizar nós quatro no ônibus, famintos e sonolentos, ansiosos por chegarmos em casa, mas não era esta a visualização que conseguia. Via-nos chorosos e desesperados, machucados, perdidos e confusos. A sensação era tão forte que chegava a sentir calafrios. Assustou-se e começou a rezar novamente, tentando afastar os maus pensamentos.

Lá pelo meio da madrugada ouviu o telefone tocar. Levantou-se num pulo, já com medo de atender; era a mãe do Claudinei, que também desesperada, queria saber notícias. As duas tentaram se ajudar de alguma forma até chegarem à conclusão de que o melhor a fazer era mesmo esperar. "Se os meninos estavam na estrada, não ia demorar para que um deles ligasse para buscá-los na rodoviária". Precisavam manter a calma, pois àquela hora já estavam sendo abatidas pelo cansaço.

Minha mãe se acomodou em um sofá e passou por um rápido cochilo. Contou-me que num breve sonho viu um corpo enroscado num tronco no meio de uma corredeira sob um sol fortíssimo. Depois viu helicópteros do corpo de bombeiros resgatando aquele corpo aparentemente desfalecido. As imagens foram se misturando a enchentes, repórteres, pessoas sendo resgatadas em inundações, trovões, aguaceiro e escuridão. Acordou espantada, com o coração batendo na garganta e ligou a televisão. Não havia noticiários naquele horário em nenhum canal. Sentiu-se completamente impotente diante da situação. Seus olhos ardiam de sono. Sua cabeça rodava. Decidiu ir à cozinha preparar um chá.

Imagino o tremendo vazio que ela devia estar sentindo. Nós dois sempre fomos muito companheiros. Apesar de já ter quase dezoito anos, junto a minha mãe eu continuava um garoto. Ela sempre me cobriu de muita atenção, principalmente depois que meu pai nos deixou por outra mulher. A gente tentava compensar a falta que sentia dele nos amparando um ao outro. Não tínhamos raiva do meu pai, pois quando houve a separação de fato as coisas já não andavam muito bem. Havia sido uma decisão correta de ambos. A paixão dele por outra mulher foi algo que acontecera. Acho que no fundo minha mãe até gostou, pois havia me confidenciado que não o amava mais, contudo não tinha coragem nem de dizer isto a ele e nem de pedir a separação. A mulher que aparecera em sua vida, neste caso, foi uma bênção. Nós superamos a situação de forma surpreendente, mas ainda assim sentíamos a falta do "chefe da família".

Nessa época eu e minha mãe ficamos mais próximos ainda. Eu era seu companheiro nas compras, nos chás noturnos, nos serviços da casa; ela era meu amparo em todas as situações, uma espécie de melhor amigo, desses que não tem sexo, feito anjos caídos do céu. Como eu nunca dormia fora de casa, muitas vezes ficávamos conversando e sonhando acordados até tarde e isso estreitava cada vez mais os nossos laços. Eu sempre lhe prometia que ficaríamos sempre juntos e que independente de um de nós decidir viver na companhia de outra pessoa, o que seria inevitável, seríamos sempre unidos e amigos leais. Minha mãe é meu ídolo e acho que a recíproca é verdadeira. Imagino o quanto estava sofrendo.

No dia seguinte ela nem foi trabalhar. Comprou os jornais, buscou informações em todas as fontes, mas foi impossível conter o desespero ao ver que não aparecíamos. Como não adiantava ligar para os celulares de qualquer um de nós, decidiu ligar para a polícia.

— Desculpe, senhora, mas eles ainda não podem ser dados como desaparecidos antes de decorridas vinte e quatro horas.

— Eu sei, moço, mas o trânsito na serra já foi desviado, quem estava na estrada já conseguiu chegar. Por que eles não chegaram? Pode ter acontecido alguma coisa...

— Muita coisa aconteceu ontem, senhora. Houve vários acidentes, inclusive vítimas fatais. A senhora já foi ao IML?

— Não, moço, nem me fale uma coisa dessas! Eles vinham de ônibus. Você sabe de algum acidente envolvendo ônibus?

— Não tenho essa informação, senhora, mas sugiro que se informe na empresa de ônibus ou nos hospitais. A situação foi feia ontem, muita coisa pode ter acontecido. Se preferir, aguarde um pouco mais. Se eles não aparecerem até amanhã, a senhora registra a ocorrência, aí sim, serão dados como desaparecidos e o procedimento será outro.

Desligou o telefone. Ela estava pior que antes. Não tinha pensado em hospital e menos ainda em IML. "Por que o policial tinha que falar aquilo? Custava ter amenizado?" De repente um turbilhão de novos pensamentos, um pior que o outro, começou a tomar formas gigantescas em sua mente. Não queria pensar de forma alguma no pior. Quem sabe o ônibus teria se atrasado? E por que o filho não ligara para avisar? E o Daniel, sempre tão sério e responsável, por que não dava nenhuma notícia? E o coitadinho do Valter, tão criança ainda, como estaria naquele momento? Estariam machucados? Soterrados?

E em sua mente vieram as imagens desencontradas do sonho. Ao chegar em casa viu que já era esperada pelas outras mães.

Parece que minha casa virou o *point* do desespero. As mães dos meninos foram para lá para juntarem suas dores. Uma delas ligou novamente para a polícia informando o ocorrido. Desta vez o policial tentou acalmá-la, prometendo providências. Devido aos acidentes ocorridos na serra ainda havia bastante atividade policial nas imediações. Prometeu passar as informações para o pessoal da área e dar retorno assim que conseguisse algo novo.

A mãe de Daniel foi informada pela empresa de ônibus que fazia a linha São Bernardo/Cubatão de que não fora registrado nenhum acidente envolvendo seus ônibus. Informou também que a barreira já havia sido removida e que o trânsito voltava ao normal. "Quem sabe os meninos ficaram em Cubatão esperando a chuva passar?..."

• • •

Foi um daqueles dias terríveis, que duram uma eternidade. No começo da noite as quatro mães, com os corações batendo na garganta, resolveram dar buscas em todos os hospitais e IMLs da cidade. Foi uma noite inteira de sofrimento.

A mãe de Claudinei conhecia uma cartomante que, segundo ela, era tiro e queda. Não errava nunca. Minha mãe não acreditava muito, mas nessa altura do campeonato precisava se apegar a qualquer coisa, qualquer tipo de ajuda.

Logo na manhã de terça-feira, as quatro foram procurá-la.

Então a mulher se paramentou, acendeu velas e se concentrou na atividade. Disse:

— Não podemos mudar o nosso destino. E nem o destino de ninguém. O que está no nosso caminho temos que vivenciar, gostando ou não.

— Tudo bem, senhora. A gente sabe que não dá para mudar o destino, mas queremos saber dos nossos filhos. A senhora pode vê-los?

— Estão vivos.

— Graças a Deus! E porque não dão notícias? Estamos desesperadas!

— Não podem.

— Não podem por quê? Estão feridos?

— Ainda não conseguem.

— Mas quando vão voltar? Pelo menos estão bem? Chegarão hoje?

— Não. Um deles vai voltar logo. Os outros só daqui a algum tempo...

— Que história é essa? Como daqui a algum tempo? Se saíram todos juntos, devem voltar juntos. Quando será isso?

— Não posso dizer. Não é tão fácil assim.

— Mas você não está vendo? Onde eles estão?

— Três já estão livres, mas estão num local escuro, tentando sair. O outro ainda está preso e no sol. Está sofrendo, mas vai voltar.

As mães ficaram ainda mais desesperadas.

— Pelo amor de Deus, madame! A senhora poderia ser mais clara?

— As cartas mostram apenas a verdade. Nem sempre é o que queremos ver. Eu não posso interferir nos planos superiores. Não tenho condição de alterar o destino de ninguém. Só posso dizer o que vejo e assim mesmo, do jeito que me permitem que seja dito. Pra dizer a verdade, certas coisas eu preferia nem ver.

— Se o que vê é a verdade... Então a senhora devia dizer. A verdade não pode ser mudada.

— A Verdade é que três deles estão perdidos, em outro lado. Eles não podem voltar agora.

— E voltam quando?

— Só Deus sabe. Procurem rezar na intenção deles, para que tenham calma e encontrem o caminho. É a única coisa que vocês podem fazer por eles agora.

A essa altura Dona Lúcia, mãe de Claudinei, já estava desconsolada. Pagou a mulher e saiu sem mais perguntas. Decidiu ir falar com um Frei, muito famoso por suas orações prodigiosas. Pediria sua ajuda e também uma oração.

Foi até a igreja. Falou com o Frei, este lhe disse para voltar para casa e colocar o problema nas mãos de Deus. Era muito importante manter viva a esperança. Ele rezaria e elas deviam fazer o mesmo.

As quatro mulheres voltaram para casa ainda mais desoladas. No caminho passaram por uma delegacia e novamente pediram socorro. Foram orientadas a irem para seus lares e esperar. A polícia já estava tomando as providências. Não havia mesmo o que fazer.

...

Nesses momentos de desequilíbrio, parece que as circunstâncias forçam uma parada para reflexão. Mesmo tentando não pensar e nem procurar culpados, uma avalanche de culpas infundadas começou a se avolumar no coração da mãe de Daniel.

No primeiro momento não havia concordado com a viagem. Devia ter mantido sua decisão. Se não tivesse deixado o filho sair com os outros garotos, estaria tranqüila. Bem que havia sentido um aperto no coração.

Antes de sair, ainda discutiu com ele, chamando-o de irresponsável por ter se desleixado nos estudos. Nas últimas semanas só se preocupava com aquela maldita viagem esquecendo até de comer e de arrumar o próprio quarto. Brigara sim, e nem lhe dera um beijo de boa viagem. Agora sentia um grande arrependimento. E se seu filho estivesse ferido, sofrendo... Onde estaria àquela hora? E se tivesse com raiva dela?

Foi no começo da noite que receberam a notícia. Haviam encontrado o corpo de um adolescente gravemente ferido em algum ponto da serra. Os bombeiros que o resgataram tiveram muita dificuldade para tirá-lo de lá por se encontrar numa área de difícil acesso e distante da rodovia. Não havia explicações plausíveis para justificar o aparecimento de um corpo naquele local, pois não havia rota de descida por ali, a não ser a pé. Fora encontrado por pura sorte e estava sendo levado para um hospital em São Bernardo do Campo para tentarem reanimá-lo.

As quatro mães foram imediatamente para o hospital indicado, pois até então, não sabiam se era mesmo um de seus filhos.

Foi uma cena horrível e difícil de ser narrada. Ali estava eu, entre a vida e a morte. Ou melhor, mais morto do que vivo. Eu sentia meu corpo aquecido e isso me dava a certeza de que não estava morto. Eu ouvia vozes e até pude reconhecer a voz de minha mãe. Ouvia também muito choro e desespero, mas eu não conseguia abrir os olhos e nem falar nada. É como se eu visse um filme e entre uma cena e outra desse alguns cochilos. Sei que estava vestido numa roupa de gesso. Não sentia minhas pernas. Meus braços e pescoço estavam também imobilizados. Eu nem sabia onde estava. Em alguns momentos cheguei a pensar que estivesse morto e enterrado, mas quando eu pensava nisso dava um grande medo e sentia meu coração disparar. As vozes vinham e sumiam. Eu ficava ouvindo apenas um bip bem perto do ouvido.

Se estava morto, não havia mais o que fazer. Era relaxar e pronto. Se estava vivo, estava impotente e sem força nenhuma para reagir. Era relaxar e pronto. Então relaxei. E não senti mais nada.

•••

Buscas

Enquanto eu estava no hospital, as mães contaram aos policiais o porquê de me encontrarem naquele local. E se eu estava ali era provável que meus amigos também estivessem. Poderiam estar perdidos tentando chegar à trilha. O problema é que não era possível procurá-los naquele horário. No dia seguinte, conforme promessa dos policiais, as buscas recomeçariam.

Foram cinco longos dias de ansiedade. Após a polícia vasculhar toda a área sem sucesso, meus amigos foram dados como mortos ou desaparecidos e uma grande dor tomou conta de todos.

Para me poupar de mais sofrimento, minha mãe não quis contar como foram estes dias enquanto estive em coma. Certamente foram horríveis. Imagino que as outras mães me culparam pela perda de seus filhos; de certa forma, elas tinham razão pois fui eu quem organizou a expedição e quem havia assumido a responsabilidade. Neste sentido acho que o coma foi até providencial, porque talvez eu não agüentasse o peso da culpa. Mesmo assim senti-me culpado também por isto. Se eu não tivesse entrado em coma, poderia dar informações precisas aos policiais. Nem para isto servi. Talvez fosse mais digno ter morrido por conta do acidente ou me deixado morrer quando estava enroscado no tronco. Isto talvez fosse menos doloroso que morrer de remorso.

Depois de duas semanas em coma, as coisas começaram a voltar aos poucos, mas ao me dar conta dos fatos entrei em desespero e imergi numa profunda depressão. Eu não queria mais viver. Queria ficar com meus amigos onde eles estivessem. Não tinha forças para viver com aquela tragédia em minha mente.

Eu chorava o tempo todo. Chorava a perda de meus colegas, chorava a minha situação, chorava pelo sofrimento de minha mãe e das mães dos meus amigos. Corroía-me um grande arrependimento por ter idealizado a expedição; e um remorso descomunal por ter desrespeitado os horários; por ter bebido; por perder a hora. Eu chorava de dor. E dor de todas as formas. As lágrimas decantavam meus sonhos e o que sobrava me parecia tão pequeno quanto desesperador. Se eu conseguisse sobreviver teria que refazer meus planos completamente; deveria me preparar para um renascimento num caminho novo e cheio de obstáculos. Se eu morresse, haveria de me preparar para o Juízo Final porque levaria na bagagem aquele pesado fardo de culpa.

•••

Capítulo 1 2 3 4 5 6 7 **8** 9 10 11 12 13 14 15 16 17

Reflexões

Depois que saí do hospital, comecei uma difícil maratona de tratamento. Não foi nada fácil me adaptar à cadeira de rodas e à situação de dependência.

Minha mãe, com todo o amor do mundo, se desvelava para me ajudar a enfrentar o novo estado. Até contratou um terapeuta para me ajudar a enfrentar os fatos. Ainda assim, quando eu ficava sozinho, parece que havia placas escrito "culpado" espalhadas por todo o recinto. Por mais que todos, padre, terapeuta, médico, amigos e parentes dissessem que aquilo tinha sido vontade de Deus, eu não aceitava justificativa nenhuma. Que Deus era esse que, além de interromper os sonhos de um filho, ainda levava seus melhores amigos, imergindo tanta gente num sofrimento daqueles? Com certeza Deus não tinha nada a ver com tudo aquilo. Se Ele é bom e justo, e fonte de todas as bênçãos, por que faria isso conosco? Esse Deus não era o que eu imaginava, nem aquele a quem eu recorria em minhas dificuldades. Tinha que haver outra explicação.

Nas aulas de catecismo que freqüentei quando era pequeno, eu aprendi que Deus tinha o controle de tudo, e que tudo que acontecia era por Sua vontade. Eu acreditava n'Ele e sabia que não podia questionar Suas vontades. O que eu não entendia era como um Deus tão bom podia ter vontades tão estranhas. Então era vontade d'Ele o nosso sofrimento? Muita coisa começou a passar por minha mente. Comecei a ficar desiludido, sem ter onde me segurar com firmeza.

Por um longo tempo tentei encontrar o fio perdido de minhas certezas e vontades. Com tristeza vi que eu não podia mais ir para o interior fazer uma universidade. Se ali em casa, com tanta gente por perto, minha vida estava difícil, longe da família seria impossível. O melhor era *deletar* aquele sonho e substituí-lo por outro mais fácil. Sem querer, tive de entender a força o valor da família e agradeci muito a Deus o fato de me sentir querido e amado. Entendi que estar sozinho e " por conta" não deve ser tão bom assim, pois coisas inesperadas e desagradáveis acontecem em todos os lugares. É preciso mais que maturidade para cuidar de si mesmo. Quem não tem amigos em quem pode confiar, e pessoas que se preocupam com o nosso bem estar, que nos amparam nas dificuldades, não pode achar que é auto-suficiente. Isso não tem nada a ver com dependência. É ótimo quando as pessoas conseguem ser donas do próprio nariz, têm independência emocional, financeira, enfim, podem andar com os próprios pes, tomar suas decisões com responsabilidade e assumir seus atos. Ainda assim, é muito difícil estar sozinho, não ter pessoas amigas com quem contar.

Falando assim parece até que eu queria sair de casa para livrar-me da presença de minha mãe. Eu amo minha mãe e sempre nos entendemos muito bem. O que eu queria, e acho que isto é quase unanimidade entre os jovens, era liberdade total, não precisar ficar dando satisfações de tudo, pensar que já era adulto. Mal sabem os jovens que na grande maioria das vezes os pais têm razão. Eles são a nossa fonte inesgotável de amor e carinho. Eles sabem muito mais sobre nós do que nós mesmos...

Com a coluna danificada e as pernas paralisadas, foi-se também meu sonho de jogar basquete. E junto com este, muitos outros. Mas eu estava vivo e lúcido. Com certeza haveria algo para eu fazer com o meu tempo, por que Deus, segundo minha crença, é maior do que tudo isto e haverá de mostrar-me outros caminhos. Não acredito que meu infortúnio tenha sido vontade d'Ele porque sei que Ele me quer feliz. Terei que achar um jeito de sê-lo e, para não enlouquecer, preciso acreditar nisso e continuar vivendo.

•••

Capítulo 1 2 3 4 5 6 7 8 9 10 11 12 13 14 15 16 17

Como Der e Vier

Nem preciso falar do rebuliço na escola. O incidente foi assunto para muito tempo. No período que fiquei hospitalizado recebi a visita de muitos dos meus colegas de classe e isso me ajudou a sair aos poucos da depressão.

Enquanto eu não podia freqüentar as aulas, a coordenação da escola mandava semanalmente para minha casa um pacote de atividades e exercícios para eu fazer. Minha mãe já havia pegado o meu material didático e, segundo as orientações do Conselho de Escola, determinou um horário para eu estudar e fazer as lições, que eram enviadas posteriormente para a escola.

Pensei que eu não ia conseguir, mas não foi tão difícil. Com a ajuda de um colega de classe fui tirando as dúvidas. No final de tudo me saí relativamente bem nas provas bimestrais.

Durante o período que fiquei em casa, vi pela televisão algumas reportagens sobre deficientes físicos. Vi pessoas com vários tipos de dificuldades vivendo suas vidas, trabalhando, estudando, criando, produzindo, sendo felizes... Tive muita vergonha por ter ficado tanto tempo morrendo de pena de mim. Eu só não podia contar com as pernas, mas o restante estava ali, vivo e ativo. Eu tinha de aceitar e encarar.

No bimestre seguinte voltei para a escola, com cadeira e tudo. Descobri que foi por causa do meu acidente, e a conseqüente condição de cadeirante, que a escola viu que precisava fazer rampas de acesso e assim garantir o direito dos alunos com necessidades especiais. Vi que a grande maioria das instituições, inclusive as públicas, enchem seus prédios com escadas sem sequer atentar para este detalhe. Esquecem-se de que as pessoas com algum tipo de deficiência não são inválidas, mas cidadãos portadores de necessidades especiais que devem ser respeitadas e ter seus direitos resguardados.

No começo não foi muito fácil. Eu precisava da ajuda das pessoas o tempo todo: para subir e descer as rampas, para ir ao banheiro, para quase tudo. Foi necessário muita determinação para não desistir. Em casa também não era diferente. Minha mãe precisava sair para trabalhar e em alguns momentos eu tinha que me virar sozinho. Muitas vezes abandonei a cadeira e me arrastei pela casa, fazendo dos braços as pernas, para ir ao banheiro.

Batia uma tristeza danada em certas horas. Eu chorava escondido de minha mãe. Outras vezes entrava numa guerra surda, aquele tipo de conflito que a gente esconde de todo mundo, e isto parecia tornar a situação mais difícil. O ser humano tem desses desequilíbrios e eu não sou diferente de ninguém. Nesses momentos creio que Deus agia, mandando sempre um amigo para uma visita, um telefonema "alto astral", um livro enriquecedor, um filme bom ou alguns pensamentos geniais. Fui me acostumando e, com o tempo, aprendi a espantar os maus pensamentos, substituindo-os por outros melhores.

Não posso deixar de frisar que no meio dessa adversidade aprendi a enxergar a vida com outros olhos, a perceber a importância dos amigos e da família e a valorizar até as pequenas coisas. Descobri o quanto é bom estar vivo e também a grande necessidade de estarmos sempre atentos. A vida é agora. Não podemos deixar tudo para depois porque o depois é o futuro e este não nos pertence. Devemos estar em paz com a nossa consciência, com as pessoas do nosso convívio e com o coração limpo de mágoas. Precisamos ter a certeza de estarmos fazendo o melhor com o nosso tempo, com a nossa inteligência, com a nossa capacidade de melhorar o mundo a nossa volta. Quando deixamos de fazer, por negligência ou preguiça, algo que compete a nós, a vida sempre dá um jeito de "forçar a barra". Daí conclui-se que não adianta contornar as pedras que são colocadas em nosso caminho ou mudar a direção, tomando um atalho. A pedra continuará lá a nossa espera, e ninguém vai retirá-la por nós.

É bom lembrar que cada pessoa tem registrado no inconsciente o processo de construção da própria cruz. Para chegarmos vencedores no fim da jornada, não nos cabe abandoná-la na primeira dificuldade. Em outras palavras, somos senhores de nossas obras e responsáveis pela colheita do que semeamos. Sei que não sou um coitadinho. E também não sou dono de verdade nenhuma. Para chegar a estas conclusões foi preciso levar muitas bordoadas, mas não acredito que todos precisem aprender a força, através da dor. Todos os dias Deus nos oferece oportunidades de aprendizado. Precisamos estar atentos... e não deixar para amanhã...

•••

A Carta

Não vou ficar contando tudo porque quando decidi escrever este relato o meu principal objetivo não era exatamente o que estou fazendo, ou seja, focalizando a história em minha tragédia pessoal. Depois de entrar na faculdade de Letras, de contar aos meus colegas de classe sobre a aventura na serra e ser visto como um sobrevivente sortudo, quase um herói, fui convencido a escrever.

Falar dos meninos e dos laços que nos uniram até aquele momento não é nada fácil, mas depois que recebi pelo correio um calhamaço de papéis psicografados, fiquei tão atordoado que mudei de idéia na hora. Aliás, não mudei só de idéia; mudei também muitos conceitos e, sobretudo, minha maneira de encarar a vida. Entendi que fiquei vivo por um bom motivo e devo aos meus amigos esta história. Ainda estou um pouco confuso, porém fiz uma promessa a mim de que iria à luta buscar os esclarecimentos necessários.

...

Certo dia recebi pelo correio um calhamaço de papéis. Achei que era erro do carteiro e que aquilo não era para mim, porque depois que inventaram o *e-mail* nunca mais recebi carta nenhuma. Junto com o pacote grande havia um envelope lacrado. Não havia nome do remetente, apenas do destinatário. Como estava em meu nome, abri e li.

...

QUERIDO TARCÍSIO,

Não sei como você vai entender tudo que vou contar; no começo também fiquei muito assustado, foi preciso dar várias cabeçadas até aceitar os fatos. Vou tentar contar tudo, tim tim por tim tim, para que você não tenha nenhuma dúvida de que eu sou eu. Peço que tenha calma, muita calma, e não pense que está louco. Quando começar a ler o meu relato verá que é a pura verdade e isto vai forçá-lo a buscar outras respostas. Confie em mim, pois confiamos em você.

Foi muito difícil encontrar alguém com capacidade, amor e paciência para aceitar o meu pedido. Graças a Deus encontrei uma santa mulher que aceitou passar a limpo a nossa história. Você não tem idéia do que nos aconteceu. Apesar dos sofrimentos foi uma experiência e tanto. Depois que você ler, mostre para minha mãe e também para as mães do Claudinei e do Valter. Pode ser que elas também fiquem assustadas, mas eu preciso que você diga a elas que agora estamos todos bem e muitíssimo bem tratados.

Pedi a boa senhora que possibilitou o relato por escrito, para mandar uma cópia para você. Creio que estas informações sejam importantes demais para continuarem em sigilo. Sei também que há muitas pessoas deste lado revelando a vocês o que se passa por aqui; e também muitas pessoas aí estudando com afinco e se esforçando para divulgar essa verdade. Como acabei de chegar e sei que no nosso meio, aí desse lado, os jovens não estão muito interessados nessas questões, gostaria imensamente que você divulgasse isso ao maior número possível de jovens como nós. Acredito que assim como aconteceu conosco num simples passeio, pode acontecer com outros, nos rachas, nas "raves" nas rodas de drogas e em muitos outros momentos em que deixamos a responsabilidade pela vida em segundo plano. A experiência que nós três vivenciamos pode estar acontecendo com muita gente: jovens, velhos, pessoas da nossa e de outras religiões, que não acreditam nisso e continuam apegados às coisas do mundo material.

Quero deixar claro que meu objetivo não é necessariamente recambiar jovens para a Doutrina, que é fantástica, mas mostrar-lhes que a vida aqui é uma realidade. Acreditando ou não, a verdade é imutável. Em algum momento as pessoas terão de aceitá-la. Ou terão de sofrer para encontrá-la através da dor. Nunca pensei que fosse assim, mas é, e esta carta é a prova que você terá por enquanto.

Não se preocupe. Estamos ótimos. Não sentimos dores físicas na hora "h", aliás, como você vai confirmar, nem percebemos. Você notará que a fronteira entre um estado e outro é muito sutil e que o conhecimento desse fato é fundamental na hora "h".

Não se culpe. Ninguém teve culpa de nada. Aconteceu o que tinha que acontecer. Agora que entendo melhor as coisas, que estou conseguindo fazer com que isto chegue às suas mãos, espero que não tenha medo e nem vergonha de dizer a quantos você conseguir que a vida continua, que Deus é grande e Sua bondade é infinita; que somos luz, fagulhas da luz maior e que viver, aqui ou aí, é maravilhoso!

Seja muito feliz.

Seus amigos de sempre,

Daniel, Claudinei e Valter.

Lembraças

Estávamos todos dentro da caverna quando a água começou a subir assustadoramente. Deu um medo danado porque a gente não tinha para onde correr. A abertura em que entramos já estava submersa e com grande vazão de água. Ainda que conseguíssemos mergulhar até lá, com certeza a correnteza nos precipitaria nas estalactites do outro lado e estaríamos liquidados do mesmo jeito.

A água caindo do teto da caverna fazia um enorme barulho. Não sei de onde vinha tanta água. Parece que o mundo estava se dissolvendo lá fora e canalizando todo o líquido para dentro da caverna. Eu estava morrendo de medo, fome e frio. Não sabíamos onde nos segurar porque tudo era muito escorregadio. Estávamos apavorados, mas o nosso pânico chegou ao clímax quando uma forte onda nos tirou do local onde estávamos. Aos gritos nos procuramos, tentando permanecer unidos. Não havia nem chão e nem paredes. Não havia nada, apenas uma sensação de buraco sem fundo e cheio de água. Não deu. Fomos vencidos pela força da natureza.

Com esforço segurei na perna do Valter e, num redemoinho da correnteza fui agarrado pelo Claudinei. Ficamos submersos por alguns segundos até sermos levados pela água. A gente foi girando e girando... Levamos várias pancadas pelo corpo, na cabeça, nas costas... Bebemos muita água; achei que perdemos os sentidos por um tempo. Quando voltamos ao normal, nenhum de nós conseguia explicar ao certo o que havia acontecido. Parece que a gente se esqueceu de um pedaço do trajeto.

Quando acordamos estávamos enroscados um no outro. O local era bastante escuro e tremíamos de fome e frio. A água já havia baixado, mas não sabíamos onde pisar, nem mesmo por onde começar a procurar a saída. Tínhamos medo até de falar um com o outro por receio de descobrir que algum de nós pudesse estar gravemente ferido, sem condições para andar, ou até estar morto. Foi Dinei quem quebrou o silêncio:

— E aí, estão todos vivos?

— Acho que estou meio morto. Acredito que me quebrei até a alma – respondi.

— E você, Valter? – perguntei preocupado.

— Estou zonzo. Zonzíssimo. Acho que quebrei a cabeça.

— Só a cabeça? Eu acho que me quebrei todo. Dói tudo.

Realmente doía tudo. Mas a gente precisava reagir e procurar uma saída. Abraçamo-nos e fomos tateando as paredes da caverna. Vez ou outra pisávamos em grandes e profundas poças de água. O frio aumentava. Sentíamos um medo enorme de ficarmos perdidos para sempre e morrermos ali de fome e frio. De medo a gente já estava quase morto.

E fomos andando no escuro. Ora em pé, ora abaixados, mas caminhando sempre e por onde conseguíamos. Precisávamos achar algum foco de luz, descobrir alguma possibilidade de saída. Sentíamo-nos no estômago de um gigante, explorando suas vísceras. O cheiro não era muito agradável, às vezes sentíamos ânsia de vômitos e uma horrível falta de ar. A escuridão também era assustadora. A gente se agarrava um ao outro com sofreguidão e evitava chorar para não piorar as coisas.

Às vezes a gente pisava em falso e tomava grandes tombos. No susto acabávamos caindo juntos. Outras vezes caíamos em lagos subterrâneos geladíssimos e nadávamos com desespero procurando algo para nos segurar. Mais de uma vez levei outras pancadas na cabeça e dei joelhadas em pedras. Não dá para descrever nossa agonia.

Houve momentos de grande cansaço e desespero. Deu vontade de sentar num canto e esperar até que aquela agonia acabasse. Mas Valter não me deixava quieto. Era sempre ele quem me acordava para a vida dizendo que não podíamos desistir.

E a gente andava, dormia, descansava, andava de novo até perdermos a noção do tempo. Não sabíamos se era dia ou noite nem a quanto tempo estávamos ali. O que sabíamos é que precisávamos ficar juntos e caminhar sempre, até achar a saída. Parece até que já não éramos mais nós mesmos, como se estivéssemos perdidos dentro de um sonho interminável, uma espécie de labirinto do tempo.

Um dia, após uma longa parada com muitas horas de sono, acordamos e vimos uma tênue claridade à nossa frente, para onde nos dirigimos já cheios de esperança. Quanto mais andávamos mais a luz ficava nítida e os espaços a nossa volta iam se definindo. Uma onda de energia invadiu nosso coração. Até nos esquecemos das dores e da fome.

Quando atingimos o ponto principal de onde vinha a luz, percebemos que vinha de uma fenda no alto das rochas. Não era fácil chegarmos até lá. A verdade é que era quase impossível, mas estávamos determinados a tentar.

Tentamos de todas as maneiras. Após longas horas desistimos. Mas estávamos confiantes porque havia em nós uma certeza cada vez mais forte de que estávamos próximos do mato. Chegávamos a sentir o cheiro das folhas e flores. Ali podíamos pelo menos saber quando era dia e quando era noite. Não precisávamos mais conviver o tempo todo com a escuridão pesada. A luz pareceu acordar nossos espíritos para a vida. Decidimos agradecer a Deus pela descoberta e pedir a Ele que também protegesse o nosso amigo Tarcísio que, a esta altura, devia estar perdido ou morto em alguma parte da caverna.

Lembrando de você, Tarcísio, lembramos também de nossas mães. Comentamos chorosos que elas deviam estar desesperadas pela nossa demora. E como é que iríamos aparecer sem você? A última recordação que a gente tinha era do domingo, das borboletas, da entrada da gruta e do momento em que a água nos atingiu, jogando-nos no redemoinho. Daí por diante, não conseguíamos nos lembrar de detalhes. E depois de tanto tempo no escuro, ou dormindo, ou sonhando com cenários e pessoas desconhecidas, parecia que estávamos mesmo num labirinto do tempo em que passado, presente e futuro se intercalavam. Eu via em sonhos, com muita nitidez, minha mãe rezando por mim, mas quando eu tentava falar com ela algo me puxava para a caverna. Algumas vezes me via em outros lugares e via também você e os meninos convivendo comigo em situações desagradáveis. Então eu fugia e os via dormindo ao meu lado. Minha cabeça não parava em lugar algum. Era uma sensação horrível de insegurança.

Falamos sobre nossas mães e ficamos todos com muito remorso por termos negligenciado nos horários e em suas recomendações. Se tivéssemos feito como combinado, nada daquilo estaria acontecendo. Valter interveio:

— Acho que a culpa foi toda minha. Eu não tinha nada que ir atrás daquela borboleta...

— Que nada, Valter, ela era tão linda e diferente que qualquer um de nós teria ido. Se não fosse por você, não teríamos descoberto a cachoeira.

Claudinei atalhou:

— A primeira cachoeira era perto da trilha. Qualquer cinco ou dez minutinhos estaríamos de volta no caminho para Cubatão. Se há um culpado aqui, sou eu. Eu é que vi a cachoeira grande, lá do outro lado. Se eu não tivesse subido o morro da primeira cachoeira, não descobriria a segunda, nem a caverna por onde entramos e nos perdemos.

Vi que todo mundo queria se responsabilizar pelo nosso infortúnio. Disse:

— Ninguém teve culpa de nada. Aconteceu por que aconteceu. E pronto. Todo mundo quis se aventurar. Chega desse papo e vamos tentar sair daqui. Estou preocupado é com o coitado do Tarcísio. Pelo menos estamos vivos, e juntos. E ele? Se estiver vivo pode estar perdido e machucado. Sozinho. E se estiver morto seu corpo jamais será encontrado. Vamos conviver com esta agonia o resto de nossas vidas. Pode ser que achem que nós o abandonamos e até nos culpem pela sua morte. Já pensaram nisso?

— É mesmo. Tomara que ele tenha conseguido sair. Que Deus o ajude.

Uma grande tristeza abateu-se sobre nós. Abraçamo-nos e choramos a sua ausência, nosso grande e inesquecível amigo.

...

Não sabemos quanto tempo ficamos entocados ali. Nosso organismo estava confuso de forma que a gente alternava períodos de sono e de vigília sem haver preocupação se era dia ou noite. Às vezes eu tinha uma estranha sensação de que estava fora do ar, ou mesmo fora dali, mas aí eu me lembrava dos meninos e levava um susto, como se acordasse de um sonho mal sonhado.

Um dia, meu amigo, sonhei que estava em sua casa. Vi você chorando no sofá. Vi também uma cadeira de rodas ao seu lado e imaginei o que havia acontecido. Provavelmente você se safara, mas também não saíra ileso de nossa aventura. Tentei acordá-lo, não consegui. Tentei falar ao seu ouvido que estávamos vivos e esperando socorro, porém você não me ouviu. Eu sabia que aquilo era apenas um sonho porque sentia que continuava dentro da caverna, mas já era um grande alívio saber que você estava vivo.

Contei para os meninos sobre o sonho. Eles ficaram contentes por saber que você estava em casa. Não contei da cadeira de rodas, para não preocupá-los e também porque não sabia detalhes. Eles entenderam que se você estava vivo com certeza viria nos procurar, ou diria para as pessoas onde estávamos. Gostei muito de vê-los cheios de esperanças e decidimos continuar procurando a saída.

Foram muitos dias de caminhada. A caverna era um verdadeiro labirinto, quanto mais a gente andava mais perdia a noção de direção. Depois de muito tempo, que nem sei precisar, ouvimos vozes e cantos vindos da parte externa. Pensei: "se o som está se propagando é porque existe alguma abertura para a passagem das ondas sonoras". Enchemo-nos de ânimo e começamos a gritar e a atirar pedras umas contra as outras fazendo um grande barulho. Os cantos silenciaram, provavelmente com medo de nossos gritos. I mergimos novamente num silêncio aterrador.

Buscamos um ponto mais arejado. Sentamos e rezamos com muito fervor, pedindo a ajuda de Deus. Sabíamos que havia gente ali por perto, talvez algum outro grupo de jovens numa expedição parecida com a nossa. A gente não podia deixar a esperança morrer.

Quando abrimos os olhos vimos uma chama de vela num ponto do salão. Com imensa alegria nos dirigimos até ela; só então percebemos que havia uma curva. Auxiliados pela vela, rapidamente contornamos as rochas que obstruíam a passagem da luz e em pouco tempo pudemos sentir o cheiro do mato e da terra molhada.

Não sei como aquela vela foi parar lá dentro. Pode ser que alguém tenha ouvido os nossos gritos e ficado com medo, como se a gente fosse assombração. Deixou a vela enquanto orávamos de olhos fechados e saiu de fininho, pois para quem estava de fora, a caverna escura devia mesmo causar um grande medo.

...

Foi um momento de júbilo. Finalmente estávamos salvos. Não sabíamos exatamente em que ponto da serra saímos, mas tínhamos certeza que era possível nos orientar e voltar para casa.

Na claridade, vimos que estávamos muito sujos e com as roupas rasgadas. Ouvíamos barulho de cachoeira e para lá nos dirigimos, já cheios de energia. Lavamos nossos corpos e roupas, tomamos água limpa. Que coisa maravilhosa poder respirar ar puro, estender o olhar e vê-lo se perder no horizonte. Olhar para o céu e sentir-se novamente no mundo. Era uma sensação maravilhosa de voltar à vida, verdadeiros filhos pródigos voltando à casa do Pai. Era uma alegria imensa, de embargar nossas vozes.

Foi Valter quem sentiu primeiro o cheiro de comida. O odor nos lembrou de que estávamos famintos. Aspiramos aquele aroma com verdadeiro deleite. Seguimos o cheiro. Vimos que sobre uma pedra havia um vasilhame de barro cheio de farofa. Havia também outras comidas e garrafas de bebidas.

Nem pensamos duas vezes. Sabíamos o que significava aquela comida, mas nessa altura do campeonato, a fome falou mais alto que o medo. Atacamos.

Tão entretidos estávamos que nem vimos de onde apareceram os brutamontes que nos surpreenderam "com a mão na massa".

— Bonito, heim? Posso saber quem autorizou vocês a comer esta comida?

Tomei a frente.

— Desculpe, senhor. Faz dias que estamos perdidos. Estamos famintos...

— E o que eu tenho a ver com isso?

— A gente não resistiu...

— Vocês são é três ladrõezinhos baratos. O chefe vai gostar de castigar vocês.

— Desculpe... Se nos ajudar a sair daqui, podemos pagar a comida...

— Eu ajudando ou não, vocês vão ter que pagar. Não vêem que é uma comida especial? Vão ter que pagar, e bem caro. Para o chefe e para mim.

— Já disse que vamos pagar, custe o quanto for.

— Ocê não sabe de nada, garoto. Vai ter que pagar ao chefe por que a comida foi preparada especialmente para ele, e vai ter que pagar para mim porque vou levar um castigo danado por ter descuidado do meu serviço. O chefe não tolera falhas; vamos ter que pagar caro por isto.

Os dois "guardas" tinham um aspecto horrível. Eram cabeludos e usavam roupas pretas, cheias de adornos. Pareciam leões de chácara e pelo visto não tomavam banho há muito tempo. Perto deles parecíamos crianças indefesas e, como estávamos fracos e maltrapilhos nem ousamos resistir. Apesar de amedrontados, de alguma forma sabíamos que, aqueles feiosos iriam nos tirar dali. Quando chegássemos à civilização, daríamos um jeito de escapar.

Eles nos amarraram num tronco e vendaram nossos olhos. Ainda questionei se precisava aquilo tudo, uma vez que nem oferecemos resistência por estarmos famintos e perdidos, ao que um deles respondeu:

— Calem a boca. O chefe não gosta de tagarelas. Preciso mostrar serviço. Vendo vocês amarrados vai achar que vocês deram trabalho. É também uma pequena vingança de minha parte, para compensar a bronca que vou levar. Quando chegamos com recrutas amarrados ele pensa que são bravos, resistentes, e transforma em escravos na hora. Às vezes até judia um bocadinho, para amansar.

Senti que definitivamente não estávamos em boas mãos. Era literalmente a execução daquele antigo ditado popular: "Se correr o bicho pega, se ficar o bicho come". Mas eu precisava achar um jeito de amansar a fera. Como estava vendado e amarrado, minha única alternativa era falar. Resolvi convencer o cara, nosso algoz, de que compreendia perfeitamente a situação dele, que eu estava preocupado, que não queria que ele se prejudicasse por nossa causa. Pedi-lhe um caminhão de desculpas e até rezei em silêncio na tentativa de amolecer seu coração.

Acho que funcionou, porque depois de algum tempo de silêncio pesado ele disse:

— Estou um pouco bravo porque também tenho medo do chefe e odeio castigo, mas não sou tão ruim assim. No fundo eu não gosto de ver ninguém sofrendo, só vou me vingar porque estou no meu direito. Vou dar a dica: fiquem quietos. Escravos não falam, não choram e não reclamam. Apenas obedecem. A venda é para vocês não aprenderem o caminho. Façam tudo que o chefe mandar e com cara de quem está achando bom. Se ele gostar do serviço, vocês caem nas graças dele e podem até virar seus protegidos. Quem trabalha direito tem promoção rápida, consegue até ganhar patente e virar chefe de grupos de trabalho. Como vocês são novos, ele vai crescer os olhos, porque está montando um exército com a molecada que está chegando. Não sejam burros. Obedeçam e pronto. Como vou chegar lá com vocês três, e amarrados, vou subir no conceito dele. Se eu for promovido, vou pedir que não judie de vocês, que dêem pelo menos comida, já que estão famintos. Se colaborarem, vai ser melhor, é capaz até de nem ficarem presos.

A gente não entendia direito o que estava acontecendo. Será que esse tal chefe era algum traficante famoso? Se fosse, estávamos enrolados. Quando alguém entra nesse mundo é bem difícil sair. Sem contar que podíamos nos envolver com a polícia, piorando ainda mais as coisas. Mas a gente não tinha muita saída. Era aceitar e pronto.

Após longas e angustiantes horas de espera, fomos arrastados como um feixe de gravetos ao longo do mato. A gente sentia muita dor, tanto pelas cordas em torno de nossos corpos como pelos arranhões causados pela vegetação e pelas pancadas aqui e ali. Eles nos arrastavam como se não fôssemos gente, mas uma caça qualquer abatida na floresta. Por um momento pensei que poderíamos ser transformados em comida por aqueles malucos. Era tanta dor e medo que eu nem sabia mais no que pensar. Temi que alguém se desprendesse das cordas e ficasse perdido pelo mato, sozinho e machucado.

Eram tantos arranhões que imaginei não haver sobrado nada de minha pele. Meu corpo ia trombando nos troncos de árvores. Quanta dor! Antes de desmaiar, pedi forças a Deus e Sua proteção para o nosso pequeno grupo. Apaguei.

•••

Capítulo 1 2 3 4 5 6 7 8 9 10 11 **12** 13 14 15 16 17

Prisioneiros

Acordamos num quartinho escuro e abafado. Foi como nos sentir novamente dentro da caverna, respirando com dificuldade aquele ar pesado e fétido. Havia no chão um prato de comida. O aspecto não era muito bom, mas comemos assim mesmo, pois sabíamos que para escapar dali precisávamos recuperar nossas forças.

Havia muitos dias que Valter nem chorava e nem sorria. Aquele menino cheio de luz sofrera uma grande metamorfose. Passava todo o tempo mudo, encolhido num canto. Dinei também falava pouco. Parecia que suas energias também estavam se esvaindo. Cheguei perto deles e os abracei, segurando as lágrimas o máximo que pude.

— Força, companheiros. Somos uma equipe forte. Vamos sair dessa, se Deus quiser!

— Será que Deus ainda se lembra de nós?

— Que é isso, Dinei? Ele está sempre conosco. Senão ainda estaríamos perdidos na caverna.

— Melhor perdidos lá do que presos aqui. Nem sabemos quem nos prendeu e o porquê. Vão acabar nos esquecendo aqui.

— Somos menores de idade. É bem provável que nos trouxeram para alguma Unidade para menores infratores. Logo nossas mães vão aparecer e nos tirar daqui.

— Como é que elas vão saber? Nem temos documentos. Não fizeram perguntas, não pediram telefone, não estão nem aí. Elas nunca vão saber. Estamos ferrados.

— Isso! Espera aí. Temos direito a um telefonema. Vamos exigir esse direito. Aí a gente liga para casa e avisa.

Valter esboçou um sorriso. Era tão bonito que iluminou o quartinho de esperança. Disse:

— É mesmo. Vamos chamar os guardas. Eles não podem colocar a gente aqui e esquecer. Tem lei. O Estatuto da Criança e do Adolescente diz que a gente deve ser bem tratado. Além disso, não somos bandidos e nem perigosos...

— É mesmo. Valter está certo. E roubar comida não deve ser um crime tão grave assim. Vamos gritar, espernear, exigir nossos direitos.

E fizemos um grande barulho.

Infelizmente o tiro saiu pela culatra. Em vez de virem nos atender, eles fecharam a janelinha por onde entrava o ar e ignoraram os nossos pedidos. Nos deixaram lá, esquecidos por um bom tempo.

...

O tempo parecia não passar. Cheguei a pensar que havíamos morrido e que ali era o inferno. Ô lugarzinho fedido e abafado! A gente sentia fome, calor, frio, calafrio e falta de ar o tempo todo. Então pensei que se ali fosse uma instituição para menores, que de certa forma é mesmo sinônimo de inferno, tínhamos que ser tratados como menores infratores. Precisávamos dar um jeito de nossas mães ficarem sabendo que estávamos ali. Foi então que Claudinei e Valter se rebelaram e começaram a bater nas grades e a gritar, já sem medo de nada.

— Ei, pensam que podem tudo? Precisamos conversar! – gritou Valter.

Claudinei completou:

— Somos menores! Sabemos os nossos direitos. Quero dar um telefonema!

Tanto gritamos que apareceu um "carcereiro" extremanete mal-encarado e foi logo ameaçando:

— Se não calarem essa matraca vão ficar aí para sempre. E sem comida, que é para vocês ficarem com muito ódio e saírem daí feito bichos, do jeito que o chefe gosta...

— É que precisamos avisar para alguém que estamos aqui...

— Vocês têm o direito e o dever de ficarem calados. Aqui vocês só obedecem. O chefe é quem decide o destino de cada um.

É melhor pararem com essa gritaria se querem continuar na mordomia que estão.

— Mordomia?!

— O que querem mais? Não estão apanhando e nem amarrados, estão comendo... Pensam que isto aqui é hotel? A sorte é que vocês foram achados zanzando no mato. Se fossem inimigos do chefe, veriam o que é " bom para tosse"...

Contemporizei:

— Tudo bem, senhor, mas eu gostaria de falar com esse seu chefe.

— Problema seu. Sua vontade aqui não conta. Caso ele se interesse por vocês, manda chamar.

— Mas ele sabe que estamos aqui, quem somos nós?

— Já deve ter investigado. É capaz de ter descoberto que não servem para nada, senão já tinha posto vocês no trabalho, pelo menos até pagarem o que devem.

— Devemos?!

— Ocê é burro, moleque? Devem o banquete que roubaram e a estadia aqui. Pensam que ele é besta?

— Neste caso a gente quer pagar logo esta dívida. Estamos prontos para o trabalho.

Assim que o carcereiro saiu decidimos montar uma estratégia de fuga. Se precisasse faríamos algum serviço e depois escaparíamos. Eu não via a hora de avisar minha mãe que estávamos vivos e também de chegar em casa são e salvo. Se fosse preciso, pagaríamos em dobro, contanto que saíssemos logo daquele inferno.

O pessoal ainda nos deixou encarcerados por uns dois ou três dias. Nesse período tive sonhos estranhos onde me vi em uma situação parecida. A diferença é que no sonho eu é que era o chefão e Dinei, Valter e você, Tarcísio, meus principais generais. Nós éramos temidos por todos e tínhamos um imenso prazer em judiar dos mais fracos, para estimular seu ódio. A dor alheia nos dava prazer...

Eu tinha muita gente a minha disposição e ordenava suas vidas do jeito que me convinha. Eu mandava e desmandava. Torturava e matava quem me desafiasse. Eu era um monstro!

Acordei assustado e com muito medo das impressões que eu ainda sentia. Não deu tempo comentar com os meninos porque naquele instante alguém abriu a porta e nos levou feito cordeirinhos assustados à presença do chefe.

Durante o trajeto fui observando o lugar. Havia muitos outros jovens vestidos de preto, como paramentados para um festival de rock, todos falando alto, dando gargalhadas, bebendo e fumando. Pensei: "Então é isto que acontece nas prisões? Eles deixam os menores fazerem estas coisas?". Além dos grupos de jovens havia muita gente armada montando guarda em vários pontos. Definitivamente aquilo não parecia uma delegacia, muito menos uma instituição para menores infratores.

Fomos deixados num amplo salão, todo decorado em dourado, vermelho e preto. Umas idéias doidas começaram a tomar forma em minha mente. Fiquei calado para não preocupar ainda mais os meus companheiros, mas eu não parava de me perguntar que lugar seria aquele.

Minutos depois entrou na sala um moço forte, aparentando entre trinta e quarenta anos, vestindo roupa de couro e todo paramentado, com capa e tudo. Parecia um personagem saído de um filme futurista. Tive um arrepio e fiquei trêmulo. Olhei para os meninos, mas eles baixaram os olhos, provavelmente sentindo o mesmo medo que eu.

O distinto senhor sentou-se em sua cadeira de encosto alto, toda aveludada, mais parecendo um trono. Com um sorriso desdenhoso mostrou-nos quem era o manda chuva daquele lugar. Disse:

— Então foram vocês que roubaram a minha comida...

— Desculpe, senhor, estávamos sem comer há dias... Não sabíamos que era sua... – falei meio gaguejando.

— Se estava lá, tinha dono...

— A gente pensou que era despacho. Na verdade sempre tivemos muito medo dessas coisas, mas a fome falou mais alto...

— Se estava lá, tinha dono – repetiu o homem.

— Não sabíamos...

— Vão ter que pagar.

— Ótimo. É só dizer quanto. Ligo para minha mãe e ela pagará, com juros se for preciso.

— Onde você pensa que está, garoto? Vocês vão pagar é com serviço.

— Minha mãe cozinha muito bem. Se o senhor permitir, ela pode até lhe preparar um banquete. Eu garanto. Deixa eu ligar para ela!

— Tô vendo que você está mesmo no mundo da lua. Eu até gosto dessa inocência, assim posso usar vocês do meu jeito... Não quero a comida de sua mãe, por enquanto. Na hora certa, se for preciso, posso usar isto como moeda de troca. Por enquanto vou testar vocês num "servicinho". Se conseguirem fazer tudo direito, então falaremos nos dotes culinários de sua mãe.

— E quando eu posso falar com ela?

— Se conseguirem realizar a tarefa, deixo vocês fazerem uma visita rápida. E se eu gostar do serviço, talvez perdoe a dívida pela estadia aqui nesses dias. Posso até melhorar a situação de vocês. Hoje, vão ser tratados como príncipes. Verão que é vantagem ficarem comigo. Vão comer, se arrumar e depois iremos a uma festa. Lá eu digo qual é o serviço.

Saímos da sala sentindo um misto de medo e esperança. O cara não me pareceu de todo mal, apesar do aspecto sinistro de suas roupas e da sala. Percebi que se soubéssemos administrar a situação não era difícil nos safar.

Em outro pavimento nos apresentaram a mais jovens. Alguns deles completamente drogados, outros bêbados e alguns já meio abobados, nem aí para a situação.

Chegamos a um salão onde outro grupo estava se arrumando. Roupas limpas nos foram oferecidas por um rapaz bem magrinho e cheio de *piercings*, que nos apontou um quarto onde encontramos outros adereços, alguns litros de bebidas e muitos maços de cigarros. Disse para ficarmos à vontade e aproveitar ao máximo a cortesia do chefe, pois dali a pouco seríamos levados a uma festa "das boas".

Trocamos nossa roupa, bebemos uns tragos para tomar coragem e fomos para a sala principal, onde jantamos. Alguns minutos depois encostou uma espécie de ônibus. Todos nós subimos no ônibus.

Não sabíamos ainda qual seria o nosso destino. Assim que entramos as cortinas pretas foram baixadas impedindo nossa visão da parte externa.

A impressão que eu tinha era de que o ônibus voava, pois não senti nenhum solavanco e nem percebi sinais de outros carros. Olhei para os meninos e vi que eles estavam apreensivos. Cochichei para o Claudinei que, querendo ou não, precisávamos fazer o jogo do chefe, pois tínhamos que ficar juntos até podermos ter o controle da situação. Deveríamos passar a impressão de que gostávamos de tudo, mostrar-nos agradecidos pela confiança e oportunidade de trabalhar e também que estávamos prontos para qualquer parada.

...

Chegamos a um local imenso e vimos um grande palco montado ao ar livre. Tentei de todas as maneiras descobrir que lugar era aquele e em que cidade ficava, mas não consegui. Havia muita gente, principalmente jovens. Os meninos olharam ao redor e também deram a entender que não sabiam onde estavam.

Assim que descemos do "ônibus" as pessoas se dividiram em grupos, sempre sob o comando de um líder, e tomaram direções diferentes. Nós três nos juntamos a outros quatro membros e, como numa pequena reunião, nos preparamos para receber as ordens. Então o chefe sentou-se sobre um capô de carro e disse:

— Vocês são novatos, por isso me encarreguei pessoalmente da orientação para este primeiro serviço. Quero garantir que não se metam a besta tentando fugir e nem se engracem com nenhum babaca careta, que vem para a festa só para assistir e às vezes para atrapalhar. A partir de agora serão batizados com outros nomes. Vocês são meus e é bom não se esquecerem disso. Nem tentem descumprir minhas ordens. Quando sou bom, sou muito generoso e grato; mas quando sou mau, vocês não imaginam do que sou capaz. Apontou para um rapaz que estava perto de mim.

— Você, diga seu nome e idade.

— Paulo, quinze anos.

— Pois bem, a partir de hoje seu nome é Dentão.

Pela cara o garoto não gostou nada da referência ao seu problema com os dentes, mas baixou a cabeça obediente, dizendo "sim senhor". O chefe apontou para outro.

— Diga! Será que é tão burro que preciso refazer a pergunta?

O garoto, todo trêmulo, respondeu:

— Sou o Henrique. Tenho dezessete.

— Muito bem, senhor Perneta. Seja bonzinho e obediente.

— Sou Marcelo. Quatorze.

— Será Doidinho, daqui para a frente, para combinar com sua cara de retardado.

— Anderson. Dezoito.

— Já é grandinho e tem cara de malaco. Se andar direito logo vira chefe. Vou deixar você sem nome, por enquanto.

— Valter, quatorze.

— Miudinho fica bem em você.

— Claudinei. Quinze.

— Zoião.

— Daniel, dezessete.

— Acho que Pé Atrás fica bem em você. Não gosto muito dessa cara desconfiada. Ande direito porque ainda não gosto de você. Tem hoje para provar que merece minha confiança, senão ficará na solitária por uns dias, até entender.

— Sim senhor – respondi com o coração batendo na garganta.

E ficamos todos olhando pro chão, esperando.

— É o seguinte: muitos dos outros estão com inveja por eu ter escolhido ficar com vocês. Preparem-se por que eles podem tentar se vingar depois, quando voltarmos. Isso é normal. Todo mundo quer ser amiguinho do chefe. Lembrem-se que tenho o controle de tudo, até do pensamento de vocês. Sou muito bom e sei recompensar quem trabalha direito, mas também sou muito ruim com quem desobedece. Vocês são novos, mas sei que não são burros. Aposto que não vão querer experimentar os meus castigos. Sou mestre em torturas e sei como causar grandes dores e sofrimentos. Vocês podem sair da condição de escravos e se tornarem meus ajudantes, até se lembrarem de quem vocês são e do que já fizemos juntos. Com o tempo vocês vão se lembrar de mim, mas agora vamos ao trabalho.

Minha cabeça começou a entrar em parafuso. Lembrei-me do sonho e levei um susto. Se ele podia mesmo ler o nosso pensamento, era melhor eu disfarçar. Aventurei:

— Estamos ansiosos para saber nossa missão.

— Tá bom, Pé Atrás. Você, o Miudinho e o Zoião vão assediar aquelas menininhas. Dentão, Perneta e o Doidinho vão chegar junto daqueles três malucos que estão ali enrolando os baseados. Vão convencer eles a chegarem junto das patricinhas, que felizmente já estão bebendo cerveja. Elas estão sozinhas e doidas para namorar. Três convencem eles a chegarem nelas e três convencem elas a experimentarem o baseado. Assim que conseguirem juntar os três casais, voltem para cá para a próxima missão.

— E eu? – perguntou Anderson já se sentindo preterido.

— Você vai ficar comigo, por enquanto, observando para aprender.

— E como a gente faz para convencer? – perguntei.

— Façam com que elas percebam os rapazes. Beijem o pescoço delas, usem as mãos para estimular o desejo sexual. Elas não vão resistir.

— E se elas baterem na gente?

— Larga de ser bobo, Miudinho, nunca catou mulher antes? Elas já estão meio bêbadas. Vão é gostar. Cheguem por trás delas, elas nem vão ver vocês.

A gente não tinha muita experiência com mulher, mas o chefe tinha razão. Elas estavam tão acessíveis que quanto mais a gente chegava junto, passando a mão onde bem queria, mais elas se entregavam. Quando os rapazes chegaram com os baseados elas já estavam "no ponto". Meia hora depois já estavam fumando maconha, cheirando cocaína e transando com os moços.

Quando o *show* começou a rolar, outros ônibus parecidos com o nosso foram chegando e descarregando outras levas de "trabalhadores". Passamos a noite toda "trabalhando" e quando a festa chegou ao fim vários daqueles a quem influenciamos voltaram conosco para o local onde estávamos. Os coitados estavam tão doidões, ou talvez cansados por tantas horas de sexo, drogas e dança que estavam literalmente desmaiados.

Pelo visto nos saímos bem na tarefa, pois assim que descemos do ônibus o chefe nos levou para sua sala, agradeceu e nos mandou dormir para descansar, garantindo que cumpriria sua promessa. Que ficássemos preparados.

Fomos para o quarto e nos jogamos na cama. Estávamos realmente cansados mas muito animados diante da promessa de vermos nossas mães.

...

Não sei direito o que aconteceu. Sei que apaguei. Pode ter sido um sonho, mas quando dei por mim eu estava em casa, sentado no sofá ao lado de minha mãe. Aquilo era muito real. Fiquei tão feliz que me agarrei a ela, falando pelos cotovelos, tentando dizer tudo ao mesmo tempo.

Ela nada dizia, como se de repente tivesse perdido a fala. Eu a abraçava e beijava com desespero, dizendo "mãe, voltei, estou aqui com você, estou vivo!".

Ela chorava. Chorava e soluçava muito, sem nada dizer. Imaginei que por estar sonolenta nem tinha se dado conta de minha presença, nem sabia que era eu ou não estava acreditando no que via. Respirou fundo, puxou o cobertor e se enrolou inteira, tremendo. Foi balbuciando um Pai Nosso todo atrapalhado, pulando um monte de partes. Corri até a cozinha para apanhar um copo d'água, contudo, antes de acender a luz, senti uma mão forte me puxando. Gritei e esperneei, mas fui arrastado assim mesmo. Quando voltei a mim, vi que estava na cama junto com os meninos.

Quando eles acordaram disseram que também haviam sonhado com suas casas e seus familiares. Estavam tristes e confusos, tanto quanto eu.

A gente não sabia direito onde estava, mas com certeza não era uma cadeia qualquer. Havia muitos guardas armados, porém nenhum usava uniforme. Dava para perceber quem era comandante e quem era comandado pela maneira como se tratavam. Parecia uma grande organização com gente chegando e saindo o tempo todo. Havia um prédio principal onde provavelmente se concentravam as salas dos chefes e a administração geral. Existiam também outros prédios espalhados, como um campus de faculdade. No saguão de um deles havia um quadro de avisos onde li os seguintes dizeres:

VINGANÇA?

Garantimos o seu DIREITO.

Nunca tente sozinho – Eles podem te enrolar!

Peça orientação para um de nossos instrutores ou, se preferir, contrate os nossos serviços.

Temos pessoal gabaritado, com larga experiência nos dois planos.

E mais abaixo, outro.

Ganhe mais dinheiro!

Amplie seu poder!

Aprenda em poucas aulas como influenciar pessoas.

Informações na secretaria

Não entendi direito, mas continuei lendo aquela estranha propaganda. De repente eu poderia me inscrever num daqueles cursos e até procurar um emprego convencional. Ia sair dali com algum preparo para o mercado de trabalho... Continuei lendo a propaganda:

CURSO RÁPIDO DE MANIPULAÇÃO DE FLUIDOS
NÃO PERCA TEMPO!

• • •

-x-

Começa hoje o curso de magnetismo. Inscreva-se!

-x-

Você pode vencer os inimigos!
Curso de defesa pessoal. Teoria e prática.

-x-

Aprenda a viajar sozinho – grátis roteiro de ida e volta. Sem transtorno!

Fiquei encucado com todos aqueles informes. Os títulos até que eram interessantes, contudo havia algo muito estranho naquele lugar. Tinha jeito de escola mas não tinha clima, faltava aquela algazarra característica de ambientes cheio de jovens. Do outro lado da praça central, que aliás nem era agradável porque não havia flores e nem plantas bonitas, nem pássaros, nem pombos, nem nada, havia um prédio suntuoso onde se lia "Laboratório Central". Por um momento voltei a pensar que aquele local era uma universidade ou uma escola com cursos alternativos, diferente das outras, mas antes de me acostumar com a idéia o chefe nos chamou. Ocorreria outro evento de grande porte e ele precisava de muita gente para o trabalho. Fomos até ele.

— Como foi a visita em casa?

— Vi minha mãe, mas ela não falou comigo. Acho que não valeu.

— Você ainda não tem gabarito para achar nada, garoto. Precisa aprender muito. Eu disse que deixava fazer uma visitinha rápida e isso eu cumpri.

— Mas eu queria ir de outro jeito... Passar um final de semana com ela, ver meus amigos...

— Ir de outro jeito custa mais caro. Primeiro você trabalha, depois você recebe. Funciona assim em todo lugar.

— Tem trabalho para hoje?

— Tem, mas é coisa grande, para uma equipe grande. Ainda não sei se vou mandar vocês...

— Com todo respeito, estamos adorando este lugar e gostaríamos de dar o melhor de nós. Se precisar, conte com a gente. É outra festa?

— Não. Coisa maior, de muitos dias... Eu não queria mandar novatos, mas acho que já dá para confiar em vocês. Fizeram o trabalho direitinho... Merecem confiança. Além disso, preciso mandar um exército numeroso, não posso fracassar, senão o Conde fica bravo.

— Quem é esse conde? – perguntei.

— É o dono de tudo. O chefe maior que comanda todas as tocas.

— Então aqui é uma das tocas?

— Isso mesmo. Este trabalho precisa ser bem feito para estarmos todos aqui bem antes do fim do ano. Essa época é sempre muito perigosa para nós. Todos os anos acontecem várias baixas. Muita gente resolve pegar indulto por conta própria e depois dá no pé. Sem contar as caravanas dos inimigos, que por onde passam fazem um grande estrago. A gente precisa ir, fazer o que deve ser feito, e voltar. Depois a gente faz uma grande festa para comemorar e entra em recesso até o carnaval. Vocês vão gostar.

•••

Preparativos para a Guerra

O tal chefão reuniu um grupo enorme e fez um discurso.

— Meus camaradas, tem um agente nosso trabalhando numa filial lá do outro lado e ultimamente vem *dando umas mancadas*. Precisamos fazer o idiota *segurar a onda* e parar de fazer besteiras. Ele é importantíssimo para nós porque tem ligação direta com os principais distribuidores. Agora ele está meio confuso e não podemos deixar que mude de lado. Comigo é assim: ou está a favor ou contra mim. Devemos agir logo, antes que seja tarde. Vou mandar alguns novatos como estagiários para aprenderem nosso serviço e também para darem uma força. As instruções principais serão passadas para os responsáveis. Não temos tempo a perder por que a guerra está ficando acirrada. E eu não aceito derrota, de jeito nenhum.

E nos levou para uma sala onde nos mostrou fotos e filmagens de locais e pessoas. Mostrou-nos também onde ficaríamos instalados e qual seria a missão do grupo e de cada um de nós. Disse também que outros grupos fariam trabalho semelhante em regiões que tinham conexões com aquele núcleo. Que cada um desse o melhor de si para que tudo voltasse ao normal. Depois todos nós seríamos bem recompensados.

Resumindo, era o seguinte: Havia uma cidade onde um grupo de bandidos controlava uma grande organização de tráfico de drogas. Havia muitas pessoas envolvidas e outras já escravizadas, seja pelo consumo, pelas dívidas ou pelo medo. A organização controlava a cidade, a polícia e até alguns políticos. Tudo ia muito bem porque o chefe tinha proteção e assessoria dali da Toca. A ajuda se estendia tanto nos estudos e desenvolvimento de novos produtos, realizados em modernos laboratórios montados ali especialmente para este fim, quanto em outros campos, seja escondendo-o da polícia, seja facilitando suas fugas dos presídios. Havia na Toca uma grande equipe destacada para proteger aquele "empresário do tráfico", pois o trabalho em parceria lhe rendia anualmente muitos trabalhadores, já com alguma experiência, aumentando assim a influência e o poder do Conde. Em outras palavras, o chefe da organização era praticamente contratado pelo Conde, fazendo da organização da cidade uma verdadeira filial da Toca.

De repente apareceram na tela imagens da cidade de Aparecida do Norte e de outras cidadezinhas abarrotadas de gente. Meu coração deu um pulo. Se fôssemos para lá seria *bico* chegar a São Bernardo. Olhei rapidamente para os meninos e vi um brilho especial em seus olhos. Disfarçamos. Arregalei os olhos e esperei, já ansioso. O chefe continuou:

— Ocorreu que no último dia doze de outubro, aconteceu uma enorme catástrofe nesta cidade com grandes prejuízos para nós. O nosso "empresário", aquele idiota, resolveu dar uma de bom moço e, por ser candidato a deputado e precisar comprar alguns votos, *bancou* o aluguel de muitos ônibus para a velharada da cidade ir rezar para a santa neste local. É um lugar muito perigoso, a energia nos queima e pode até deixar a gente cego. Sem contar os prejuízos de pessoal, pois quem chega muito perto acaba atraído. E o idiota, pensando na eleição, mandou uma porção de gente para lá. E aquele monte de carolas foi rezando o caminho inteiro, fazendo um estrago por onde passava. Muitos dos nossos soldados que trabalhavam camuflados acabaram atraídos, pegando carona nos ônibus. Poucos retornaram depois a seus postos. Como se isso não bastasse, a maioria das velhas tinha promessas atrasadas para serem pagas. Ficaram tão contentes por ganharem a passagem e assim poderem acertar suas contas com a santa antes de morrerem, que rezaram um montão para o infeliz. Até colocaram o nome dele nos pedidos durante a missa e o padre o agradeceu diante de todo mundo. Foi uma avalanche de agradecimentos. Até de quem não o conhecia, pois aquela "alma caridosa" merecia ser abençoada.

E foram tantos raios de luz que jogaram nele que outros santos também resolveram se meter na história e se empenharam em tirá-lo de nós. O danado tá quase doido. Nem consegue dormir de tanto remorso. Já está pensando até em procurar um pastor. Se a gente não agir rápido ele vai acabar fazendo besteira. Somos poderosos e podemos mesmo quase tudo. Ele não deve ir a nenhuma igreja, de forma alguma. Do jeito que anda atrapalhado das idéias qualquer um vai enrolar ele. Por enquanto ele está muito protegido, todo envolvido numa nuvem colorida. É bom vocês nem chegarem perto por que correm o risco de se queimarem. Aquele negócio que jogaram sobre ele parece labaredas de fogo de tudo que é cor. Ainda temos tempo e eu também tenho poderes. Tenho gente experiente trabalhando comigo. Já destaquei um grupo para tentar romper as redes de proteção que estão em torno da casa dele a fim de facilitar o trabalho. Que ele se remoa de culpa. Se entrar em depressão as coisas ficam mais fáceis, pois a culpa vai apagando as luzes e ele vai criando formas negativas, até se sentir num buraco. No primeiro vacilo a gente ataca. Ele me deve muito e sabe disso. Vou cobrar tudo. Será olho por olho, como nos velhos tempos.

— E como vai ser nossa estratégia? – perguntou o nosso comandante.

— Destaque um grupo de dois ou três camaradas mais experientes para tomar conta dos gerentes de boca; use os moleques para influenciar os grupos de usuários; coloque os químicos junto aos chefes dos laboratórios de refino para ensiná-los a sintetizar as novidades. Sempre que aparece uma droga nova todo mundo quer experimentar. Quando o caminho estiver livre, encha a casa dele de guardas para não deixar nenhum padre, nem pastor, nem espírita, nem ninguém que possa desviá-lo do caminho, se aproximar dele. Não deixa ele rezar, de jeito nenhum. Não deixa ele achar nem bíblia e nem livro, nem panfleto algum que possa causar influência. Se for preciso, derrubem as pessoas bem intencionadas que tentarem aparecer na casa dele. Se ele ficar solitário e esquecido, vai sentir ódio e abrir caminho para nós. Ponha algum especialista em fascinação para ficar o tempo todo falando no ouvido dele sobre dinheiro, fama e poder. Façam com que ele mentalize mansões luxuosas, roupas e hotéis caros e depois celas de prisão sujas e perigosas, cheia de seus inimigos. Mostre rebeliões com muitos tiros e sangue. Faça-o sentir no pulso algemas e imaginar muitas torturas. Depois mostre mesa farta com bebidas caras e mulheres bonitas. Force-o a escolher que tipo de vida ele prefere. Duvido que vai resistir. Se isso não resolver, ataque a família dele. Primeiro a mulher. Não é difícil causar uma depressãozinha. As mulheres sempre caem com mais facilidade porque são mais sensíveis. Depois os filhos. É só ir "chupando" a energia deles até que fiquem doentes e os médicos não descubram o que têm. E se ele resolver ir atrás de alguma ajuda em igrejas, aí a gente o derruba. Caso fique por conta, sem proteção nenhuma, voltará rapidinho para nós, com o rabo entre as pernas e pedindo nossa ajuda. Aí a gente vai poder fazer o que bem quiser. Ele vai perceber com quem está o poder.

E ele mostrou muitas fotos e situações. Foi difícil controlar o pensamento. A essa altura eu já estava percebendo as coisas com mais clareza. Pisquei para o Valter e segurei firme a mão do Claudinei. Disse baixinho:

— Não se deixe trair pelo pensamento. Confie em mim.

— Estou com medo. Não quero fazer mal a ninguém.

— Não pense. Aceite "com orgulho" essa missão importantíssima. Agradeça a ele por nos incluir nela. Ele confia em nós e vai ficar todo besta se a gente encher a bola dele.

Claudinei entendeu e passou o recado para o Valter.

Eu estava muito confuso, mas não dei o braço a torcer. Aquilo tudo era muito estranho e novo para mim, mas eu não tinha a quem perguntar e, além disso, tinha que controlar e vigiar os pensamentos. Querendo ou não eu tinha que representar bem o meu papel de soldado em missão especial.

Naquela mesma noite tivemos uma festa de gala. Parecia que éramos mesmo soldados de uma força especial nos preparando para uma guerra. Comemos do melhor, bebemos, recebemos cigarros, drogas, kits de camuflagem, orientações especiais e até um treinamento rápido oferecido aos trabalhadores ou comandados apenas em casos muito, muito especiais; ou seja, em missões realmente perigosas. Aprendemos como nos defender dos "inimigos" e também como reconhecê-los. Tínhamos que saber de cor e salteado o plano de fuga, pois o Camaleão (esse era o nome do tal chefe daquele pedaço) não queria perder nenhum soldado.

Embarcamos logo em seguida.

•••

Capítulo 1 2 3 4 5 6 7 8 9 10 11 12 13 **14** 15 16 17

A Missão

Como sempre, as cortinas foram baixadas e não pudemos observar o caminho. Eu, Dinei e Valter ficamos juntos e procurávamos sempre mostrar entusiasmo por fazermos parte daquele grupo.

Para testar se de fato havia a possibilidade de alguém ler o nosso pensamento, fui até o comandante e, após bater continência e pedir permissão para falar, como fazem os bons e obedientes soldados, mentalizei um baseado aceso entre os meus dedos e falei:

— Senhor, sei que o ambiente está fechado, mas estou muito ansioso...

— Tudo bem, Pé Atrás. Pode fumar seu baseado tranqüilo. Vocês são soldados em missão, precisam de algumas regalias. Vai que eu deixo.

Agradeci e voltei para o meu canto, preocupadíssimo. Enrolei o baseado mas fiquei com medo de passar mal pois eu nunca havia fumado antes. Minha sorte é que os outros passageiros acenderam os seus e o cheiro se misturou. Ficamos zonzos com a fumaceira, aliás, horrível de se agüentar, mas não fumamos. Aproveitei a "nóia" geral para prevenir meus amigos sobre o cuidado com os pensamentos. Só poderíamos conversar quando estivéssemos sozinhos. Como havíamos aprendido a nos ocultar e também identificar a presença de outros do grupo, não seria difícil montar nossa estratégia de fuga. Mas era imprescindível ter certeza absoluta de que não estávamos sendo vigiados, pois os fujões recebiam castigos terríveis, tanto morais quanto físicos.

Lembrei-me dos gritos, gemidos e xingamentos que ouvimos quando estávamos na cela. Realmente tivemos muita sorte por ter "caído nas graças" do chefe daquele lugar. Se ele estava nos bajulando é por que sabia que seríamos úteis. Apesar de ser um agente do mal, certamente era muito inteligente e sabia como manter a fidelidade do seu pessoal.

...

O "ônibus" parou num cruzamento no meio de uma cidade. O lugar era horrível, parecia envolvido numa fumaça escura, ou por uma poluição estranha. Havia muitos jovens bêbados (ou drogados) andando pela rua, provavelmente voltando de alguma balada. Muitos dos meus "companheiros de trabalho" desceram do ônibus e rodearam os coitados dos jovens, provavelmente para roubar alguma coisa, porque depois que eles se afastavam os rapazes se sentavam no meio-fio e ficavam meio aéreos. Alguns dormiam ali mesmo, como se estivessem sem forças para prosseguir, outros choravam ou gesticulavam ao acaso.

Vi ainda o comandante e alguns soldados com patente provocarem acidentes. Colocavam-se na frente dos carros fazendo com que os motoristas se desviassem deles e, por conta disso, acabavam saindo da pista e batendo em outros carros. Eles se divertiam muito com seus feitos e os outros aplaudiam, incentivando.

Por um momento senti uma grande tristeza por fazer parte daquele exército de horror. Vi que Valter chorava escondido, provavelmente sentindo o mesmo que eu. Foi Claudinei que nos advertiu:

— Cuidado com os pensamentos, lembram? Precisamos elogiar, como os outros estão fazendo.

Os acidentes culminaram em algumas mortes. Cheguei a sentir enjôo ao ver tanto sangue, mas "meus companheiros" pareciam moscas sobre os cadáveres. Não entendi o que estavam fazendo e também nem cheguei perto. Sei que roubavam alguma coisa. Senti uma enorme vontade de chorar, mas fiquei firme, fazendo de conta que cochilava.

Dali seguimos para o nosso alojamento. Vi que se tratava de um laboratório, provavelmente clandestino, porque não havia nenhuma placa ou qualquer material de propaganda externa. Só depois de nos instalarmos e sermos distribuídos em nossos postos é que percebi que se tratava de um lugar que refinava e processava drogas de vários tipos, muitas delas identificadas com códigos que nem entendi e outras com nomes já conhecidos.

Vi também muitas "novidades" em processo de experimentação, algumas sendo testadas em cobaias humanas. Fiquei arrepiado ao observar os resultados produzidos no corpo dos coitados. Eles ficavam completamente loucos, e quando passava o efeito pediam mais, como se tivessem gostado do sofrimento.

...

O pessoal do grupo se espalhou, cada qual com a sua incumbência. Meu grupo era formado por mim, Claudinei, Valter e mais três rapazes. Fomos destacados para acompanhar uma comunidade de usuários de droga numa pequena favela no pé de um morro. Nossa missão era convencê-los a experimentar uma "novidade" que acabava de chegar ao mercado. Camuflados, seguimos o traficante até a boca de fumo. Era lá que atuaríamos, primeiro junto ao gerente local, para que ele adquirisse um lote, e depois junto aos usuários.

Minha mente estava em guerra. Era extremamente doloroso refutar os pensamentos para que ninguém descobrisse minha verdadeira intenção. Com muito esforço eu me mostrava entusiasmado e cheio de vontade de cumprir minha tarefa. Até aprendi algumas gírias do meio e também alguns códigos quase secretos de comunicação. Minha sorte é que o nosso líder usava muita droga e não era muito esperto. Ao perceber que ele já estava completamente noiado, sugeri que não se preocupasse e ficasse ali na boca com os grandões, que eu me responsabilizaria pelo grupo.

Como no local de distribuição havia muitas garotas, algumas bem drogadas oferecendo favores sexuais em troca de mais drogas, o nosso "chefete" preferiu participar da orgia, regada a muita bebida e com as tais "novidades". Então deixou a tarefa sob minha responsabilidade desde que eu me comprometesse a jamais deixar o Camaleão saber. E se ele viesse a descobrir, a gente deveria confirmar sua história de mudança de planos por necessidade de trabalho.

Entramos num ônibus comum e fomos a uma favela, bem longe do centro. Recebemos orientação para não falarmos com ninguém, a não ser com as pessoas a quem devíamos influenciar, e no momento e local adequados. Como tínhamos medo, obedecemos feito soldadinhos de chumbo. Ocupamos nossos lugares e ficamos calados.

Não demorou a chegarmos no local indicado. Como estávamos em seis, destaquei os três rapazes, o tal do Dentão, o Perneta e o Doidinho para irem por um lado que eu e meus companheiros iríamos por outro. Vi que o Dentão estava preocupado. Perguntou:

— E se a gente não conseguir?

— Vocês conseguem. É só fazer como na festa.

— E se aparecerem outros, daqueles que atrapalham?

— Disfarcem e saiam de fininho. Depois retornem.

— Se a gente falhar, vamos morrer na pancada. Não vou agüentar tortura de novo.

— Vocês já falharam alguma vez?

— A gente era novato, não tinha muita segurança. Quase fomos apanhados pelos inimigos. Se Camaleão não tivesse aparecido a gente tinha se ferrado. Ele não nos torturou, mas deu um bom castigo, além de judiar de nossa família. Disse que se houvesse outra falha nos torturaria até que aprendessemos...

Algo me disse que era a minha chance de tentar desviá-los do caminho. Se tinham medo do Camaleão, talvez também quisessem se ver livres dele. Aventurei:

— Há quanto tempo vocês estão na Toca?

— Há muito! – disse o Perneta.

— Muito quanto?

— Nem sei. Deve ser muito porque já esqueci até o caminho de casa. Tentei voltar algumas vezes e fui pego na fuga. Os capangas do Camaleão quase me mataram de porrada. Fiquei na solitária tanto tempo que até perdi a noção.

— Você deve saber muito sobre aquele lugar...

— Você é novato mesmo... Lá é um povoadinho se comparado ao resto. Camaleão se sente o mandachuva só porque é o responsável pelo recrutamento de pessoal para o trabalho externo e tem carta branca para agir. Acima dele tem peixe muito maior, dono de cidades inteiras. Ali é só uma pequena filial, mas Camaleão acha que está com a corda toda. Queria ver a cara dele diante do chefão quando tem que explicar a perda de algum soldado...

— Você desistiu de fugir?

— Sei lá. Acho que perdi a coragem e o rumo. Agora não tenho mais para onde ir e se fugir, vou ficar perdido. Se eu ficar por aí zanzando de bobeira, vão me pegar de novo...

Aventurei novamente:

— Aqui fora, só nós, bem que a gente podia dar umas voltas... Quem sabe a gente não descobre onde você morava... Não acha um jeito de você escapar com segurança...

— Esqueceram que a gente não pode falar com ninguém? E se tiver algum espião disfarçado? Aí a gente está frito...

— E você esqueceu que sou eu quem está no comando agora? Se aparecer alguém eu levo na conversa, digo que você está resolvendo uns papos para mim.

— E se o Sem Nome descobrir?

— Que nada, a essa hora deve ter cheirado todas, fumado, bebido, provavelmente está no colo das mulheres fazendo a festa. Não *tá* nem aí. E depois, dei minhas drogas para ele e ficou todo feliz...

— Como é que vou saber se posso confiar em você?

— Experimenta, ora, você não tem nada a perder. Se eu pisar na bola você me entrega e pronto. Só sei que vou lutar pelo meu espaço. Não nasci para ser escravo de ninguém.

Nossa conversa foi interrompida por um foguetório muito próximo de nós. Antes de nos refazermos do susto, apareceu um carro em alta velocidade com muitas armas para fora dos vidros cuspindo balas para todos os lados.

A resposta foi imediata. Em poucos segundos estávamos no meio do fogo cruzado. Daí apareceram também muitos carros de polícia atirando em tudo que se mexia. Nos encolhemos, nos camuflamos do jeito que deu e saímos correndo entrando em becos, pulando muros, tentando nos proteger das balas que zuniam.

Não sei de onde vinham tantos tiros. Parecia uma praça de guerra. A gente correu o máximo que pôde até encontrar uma construção abandonada, onde nos entocamos. E ficamos lá até as coisas se acalmarem um pouco.

•••

Capítulo 1 2 3 4 5 6 7 8 9 10 11 12 13 14 **15** 16 17

Fuga

No local em que nos escondíamos, dava para ouvir os tiros pipocando lá embaixo, onde estávamos antes. Parecia uma guerrilha. Fiquei imaginando o que poderia ter acontecido. Provavelmente após o foguetório avisando da chegada das drogas, algum grupo rival apareceu para roubar o carregamento, ou para fazer algum acerto de contas. Pode ser também que a polícia militar estivesse agindo em conjunto com algum "dedo-duro". Neste caso, poderia ser uma boa idéia ter nos apresentado e dito que pretendíamos fugir do jugo dos traficantes. Era uma oportunidade para nos entregar. No máximo ficaríamos presos alguns dias até entregar todo mundo e esclarecer tudo. Na cadeia seria mais fácil entrar em contato com nossos familiares. Com sorte poderíamos até aparecer na televisão e ser achados pelas nossas mães. É lógico que também podíamos levar a pior. Nem sempre a polícia age como deve. Podiam muito bem nos matar e alegar que éramos traficantes e resistimos à prisão. Podiam até dizer que os recebemos com tiros. Mortos não teríamos como nos defender. Podíamos ser enterrados como indigentes ou simplesmente descartados em algum terreno baldio; ou nos matagais da serra do mar. Entregando o Camaleão, seria muito provável ficarmos livres; ou pelo menos teríamos nossa situação amenizada. Depois era só fugir da cidade para não sermos mortos como informantes. Restava-nos saber se aqueles eram policiais de verdade, dignos de nossa confiança, ou bandidos em trajes policiais. Do contrário o tiro sairia pela culatra.

Não havia muita saída para nós. O melhor mesmo era esperar *baixar a poeira* para podermos tomar qualquer decisão. Eu e meu grupo sabíamos exatamente o que fazer. Eu só precisava conversar um pouco mais com os outros garotos, estudar melhor o terreno e talvez convencê-los a fugir conosco. Como ainda eram moleques, e também estavam cansados de sofrer, eu sentia que tinha chances, só precisava achar o jeito certo de falar.

Escondemo-nos num dos quartos da construção que ficava no pavimento superior. Como já era noite alta, entabulamos conversa.

— E então, Perneta, você acha que o Sem Nome vem procurar a gente?

— Sei lá... *Cê* não disse que ele tava noutra?

— Mas ele é nosso chefe, não vai querer voltar sozinho...

— É... Que ele vai procurar a gente, isso vai. Como nossa missão é demorada e ele disse para ficar o tempo que fosse preciso, isso não vai acontecer logo. Só se a gente não voltar no dia combinado para o balanço das operações do grupo todo. Aí vai nos procurar, vivos ou mortos...

— E se a gente não conseguir voltar?

— Aí ele está frito. É capaz até de tentar fugir. Quem perde soldados para os inimigos é duramente castigado. Ele vai morrer de medo.

— Conhece ele há muito tempo?

— A gente foi para a Toca na mesma época, mas eu não o conhecia.

— Então se conheceram lá?

— Quase isso. Mas ele não é meu amigo. Na verdade, eu o odeio.

— Sério? Pensei que era *truta* seu.

— *Truta* nada! Se fui parar naquele lugar foi por culpa dele. Vou contar.

E Henrique contou que se iniciara nas drogas com oito anos de idade. Primeiro como "aviãozinho" para ganhar uns trocados, depois como usuário de maconha. Com dez anos experimentou cocaína e depois foi experimentando tudo que aparecia. Aos doze era um pequeno traficante e já andava armado. Fora parar nas Instituições diversas vezes, das quais fugia nas rebeliões. Dera tanto trabalho para sua mãe que a coitada acabou desistindo dele, pois tantas vezes fora preso que ela também acabou se envolvendo com os traficantes mais fortes para poder conseguir dinheiro para soltá-lo.

Da última vez que saíra em liberdade assistida, fora matriculado numa escola perto da favela onde morava. Ele não estava a fim de estudar, só freqüentava a escola por que era obrigado, senão tinha que voltar para a Instituição. O problema é que a Diretora era chata e não saía da cola. Para completar o "azarão", seu fornecedor de droga tinha sido preso e ele estava sem dinheiro para começar seu próprio negócio. Foi então que roubou uns papelotes de um avião novato e tentou passar para os moleques da escola. Não deu certo, porque todo mundo estava de olho nele.

Um dia viu um cara exibindo uma arma novinha dentro de um bar da vila. O cara tinha a arma, mas não tinha a munição. Ficou de olho. Quando o cara saiu do bar foi atrás dele. Sabia que a arma estava descarregada e por isto não teve medo. Atacou-o pelas costas com uma barra de ferro e roubou-lhe a arma.

Sabia que na escola havia outro garoto em liberdade assistida. Pensou que estivesse nas mesmas condições que ele e, como estava sempre bem vestido e exibindo tênis caros, quem sabe poderia lhe comprar a arma. O problema é que foi visto mostrando a "mercadoria" dentro da sala de aula. Não deu outra. Em poucas horas alguém *bateu um fio* para a diretora da escola e o assunto vazou. No dia seguinte reuniram às pressas um tal de Conselho de Escola e obrigaram sua mãe a pedir sua transferência.

Foi para outra escola, mas lá o pedaço já tinha dono. Mesmo com a arma sem munição ainda conseguiu fazer alguns assaltos para tentar começar seu negócio. O problema é que não conhecia direito os gerentes locais e acabou roubando o cara errado.

Um dia estava num bequinho dando umas cheiradas quando foi abordado por três caras. Eles já chegaram distribuindo chutes e pontapés. Falaram um monte, xingaram e disseram que era para ele aprender a andar direito, não ficar roubando trabalhador da vila. Depois de baterem muito até deixá-lo desmaiado, Sem Nome deu-lhe uma coronhada na cabeça e encheu-lhe de tiros. Só acordou lá na Toca do Conde, todo sujo e arrebentado, jogado num buraco. Sem Nome também estava lá, mas só depois é que descobriu que fora baleado pela polícia naquele mesmo local. Há muito tempo era procurado por ser "cobrador" dos generais, ou seja, justiceiro, pois matava tanto os devedores quanto os atravessadores ou outros inimigos dos chefes.

Fiquei feliz por ouvir a história, aquilo me deu a certeza de que poderia trazê-lo para o nosso lado. Se não gostava do chefe, ia querer que ele se ferrasse. No final da conversa ele pediu:

— Dá para me chamarem pelo meu nome? Só manco desta perna por causa dos tiros que levei no joelho. Odeio quando me chamam de Perneta!

—Tudo bem. Daqui para frente você voltará a ser Henrique. E se ficar conosco, poderemos até ser amigos.

— Você *tá* pensando em cair fora?

— *Tô* doido para voltar para casa. Se a gente conseguir fugir da turma, acho que será nossa chance. Não sei quanto aos outros, só sei que eu, Dinei e Valter estamos nessa.

Marcelo, o Doidinho, esboçou um sorriso.

— Cara, eu sabia desde o início que você daria no pé. *Tô* nessa! Como a missão é um pouco demorada e estamos meio "soltos", é agora ou nunca.

Paulo também concordou. Então perguntei:

— E você, Henrique?

— Ah, *tô* dentro! Nasci livre e quero morrer livre. Depois que os capangas do Camaleão levaram a gente para a Toca e depois dos tiros que levei fiquei com muito ódio. Eles se aproveitaram, porque a gente estava fraco e sozinho. Odeio ser escravo, ficar trabalhando em troca de fumo e farinha. Quero voltar para minha casa, meu bairro, meu pedaço. A organização deles não dá futuro. A gente trabalha o tempo todo e eles é que ficam no bem bom.

— Se é assim, então agora somos um novo grupo. Juntos seremos mais fortes. Mas é bom que fique bem claro que não sou chefe de ninguém, nem dono de nenhum destino. Meu objetivo é voltar para casa e vou lutar por isto. Se vocês desejam a mesma coisa, vamos batalhar. Caso ambicionem algo diferente disso, estão livres. Ninguém precisa ficar aqui. Sintam-se à vontade para darem a suas vidas o rumo que quiserem. Quem ficar, precisa seguir algumas regras...

— Você manda, chefe.

— Prefiro líder. Não gosto desta palavra, pois não gosto de tomar decisões sozinho. Se somos um grupo, é melhor agirmos como um.

E ficamos conversando por um longo tempo. Parece que havíamos nos livrado de um grande peso. De repente não tínhamos mais nenhum medo um do outro.

Quando amanheceu, achamos prudente não sairmos à rua. Com certeza, após o problema com a polícia e aquela bagunça toda, o tal do Sem Nome estava nos procurando para fazer um balanço da situação. Era melhor não arriscar.

Quando os raios de sol começaram a entrar na construção, tive uma gostosa sensação de estar vivo. Apesar do cheiro do cimento e do clima de bagunça característico das construções, o ar parecia puro; sentia que eu respirava a liberdade. Chamei Valter para olhar pela janela. Com muita emoção vi lágrimas rolando em seu rosto. Ele me abraçou e pediu:

— Dani, me leva pra casa. *Tô* com uma saudade danada de mamãe.

— Calma, companheiro. Primeiro vamos descobrir que cidade é esta, depois vamos escapar. Não se esqueça de que somos fugitivos. Se o Sem Nome nos apanhar, você já sabe... Por enquanto precisamos ficar aqui.

E passamos o dia todo confinados. À noite, quando já nos preparávamos para dormir, apareceu um grupo de rapazes da nossa idade fazendo grande algazarra no andar de baixo da construção. Usavam roupas parecidas com as nossas, pretas e cheias de balangandãs. Escondemo-nos e permanecemos em silêncio. Em poucos minutos sentimos um forte cheiro de maconha recendendo por toda a construção.

Por um momento pensei que eles fossem capangas do Camaleão. Bastava observar os trajes, o palavreado e os modos. Não tinham muita diferença de nós. Por segurança, decidimos continuar escondidos.

Ficaram por lá bastante tempo; cheirando, fumando, bebendo. Nós já estávamos impacientes, torcendo para que saíssem logo. Precisávamos planejar o que faríamos de nossas vidas e para isto era necessário sossego.

Henrique já estava irritado. O cheiro da maconha reativara seu vício. No meio de uma grande inquietação avisou que ia descer para dar um "pega".

Tentei segurá-lo, mas não deu tempo. Ele desceu as escadas decidido. Fiquei olhando pelo vão do degrau, já de prontidão para fugir pela janela, caso necessário.

Mal ele chegou no grupo ouvi alguém dizer:

— Aí, galera, acho que *tô* viajando... *Tô* até vendo coisa. De onde saiu esse maluco pedindo um *pega*?

Os outros caíram na gargalhada.

— Ih,... *tá noiadaço*. Daqui a pouco vai brigar com o gasparzinho. Fuma mais um pouco e sossega. Temos um assalto para fazer, lembra?

— *Vamo* aí, esse lugar *tá* estranho.

E saíram cambaleando.

...

De alguma forma eu sabia que éramos dois grupos em um. Henrique e Marcelo ficavam a maior parte do tempo juntos, conversando baixo entre si. Claudinei também andava meio silencioso. Tentei conversar com ele, saber o que estava acontecendo.

— E aí, Dinei, estamos firmes, não estamos?

— Firmíssimos!

— Vejo que anda meio calado...

— Tenho pensado muito em minha mãe, no Tarcísio, num monte de coisas...

— Hoje à noite vamos dar uma saída, fazer o reconhecimento do terreno. Pelo menos vamos descobrir onde estamos.

— E se nos pegarem? O tal do Camaleão não vai deixar barato. E eu não quero voltar para aquele lugar.

— Se for necessário a gente até volta. Precisamos ganhar a confiança dele. É fácil explicar que tivemos problemas com a polícia e que foi preciso nos esconder. Ele não é burro, sabe que nos sacrificamos por ele. Depois a gente dá o bote. E se não formos pegos, melhor ainda.

E Claudinei confidenciou, quase cochichando:

— Pela janela vi um grupo de pessoas indo na mesma direção. Lá pra cima deve ter alguma igreja. Se a gente se misturar com os fiéis, eles não vão nos ver. Pelo que já ouvimos, eles não gostam nem de padres e nem de pastores. Com certeza vão passar longe de lá.

— Mas como é que a gente vai para uma igreja com estas roupas? Não vão nos deixar entrar. Parecemos vagabundos arruaceiros!

— É mesmo. Vamos ver o que o Henrique acha.

Falamos e ele gostou da idéia. Pediu para continuarmos escondidos que ele ia dar um jeito. Tirou a jaqueta e a calça, vestiu uma bermuda velha que algum pedreiro havia deixado na obra e saiu. Algumas horas depois voltou trazendo bermudas e camisetas limpas.

Nem perguntamos onde as apanhou porque sabíamos que havia subtraído de algum varal. Vestimos e fomos todos para a tal igreja.

O ambiente até que era bom, dava um certo alívio respirar aquele ar de paz e harmonia. Entramos e ficamos todos encostados num canto. Tínhamos uma estranha sensação de sermos intrusos naquele lugar. Ninguém falava com a gente, parecendo saber que não fazíamos parte daquele grupo. Mas também não nos impediram de ficar. A gente decidiu permanecer calado, só observando, mesmo porque acho que cada um estava mais preocupado com seus problemas pessoais do que com a nossa presença.

E o pastor falou, e falou, e falou. Haja paciência para ouvir aquilo tudo. Parece que ele estava disposto a ler a Bíblia inteira e ainda explicar cada capítulo e versículo. Chegou a dar sono. Num certo momento ele iniciou uma oração esquisita. As pessoas que estavam perto de nós começaram a passar mal, umas até desmaiaram.

Ainda um pouco amedrontados nos dispusemos a ajudar, mas nem conseguimos tocá-las porque outras pessoas se aproximaram e as levaram para o palco onde estava o pastor e este, como se estivesse fora de si, começou a gritar.

— Estes irmãos e irmãs que aqui estão na presença do Senhor, querem ser libertados.

Fiquei do lado, espiando e esperando que as mulheres se recuperassem. Então o pastor pegou uma delas pelos cabelos erguendo-a na marra. Fiquei muito bronqueado, quase avancei sobre ele. Precisava uma ignorância daquelas com a coitada? E ele ordenou, aos gritos:

— Sai demônio! Sai desse corpo que ele não te pertence!

Acerquei-me da mulher tentando protegê-la, mas ela deu um grito, apavorada, como se estivesse vendo um fantasma. Compreendi seu medo, afinal ela não me conhecia e como eu não tinha tomado banho meu cheiro não devia estar muito bom. O pastor segurou-a bem firme pelos ombros e gritou novamente:

— Sai, Satanás! Você não é bem-vindo aqui! Aqui é a Casa de Deus e esta irmã pertence a Jesus. Saia agora e que o fogo do Espírito Santo o queime no inferno!

Olhei para os lados e vi que meus amigos estavam na porta da saída, esperando por mim. Então deixei a mulher nos braços do pastor e saí correndo.

Já na rua e de volta para o nosso esconderijo fomos observando detalhes do lugar. O que percebi é que estava em outro estado e que tínhamos de dar um jeito de voltar para São Bernardo.

Ainda no caminho resolvi perguntar a um senhor que saía de um bar como fazer para chegar à rodoviária. Ele estava muito bêbado e só não foi atropelado ao atravessar a rua porque nós o empurramos para a calçada. Ainda assim nos deu de boa vontade as informações que pedimos. Não pudemos continuar conversando porque apareceram outras pessoas que o abraçaram e o levaram. Que povo mal-educado! Sequer nos agradeceram!

...

Paulo e Marcelo estavam felicíssimos. Disseram que viram um conhecido lá na igreja e que iriam voltar lá para tentarem encontrá-lo novamente. Não fizeram isso de imediato porque ficaram com um pouco de medo. Se o cara estava freqüentando uma igreja evangélica era perigoso até denunciá-los à polícia. Precisavam chegar na humildade, pedir ajuda para voltarem às suas casas. Pela alegria e otimismo deles, vi que as coisas tendiam a dar certo.

Henrique também pediu desculpas por nos abandonar, mas explicou que no caminho de volta reconheceu um antigo *truta* e que no dia seguinte o procuraria. Se sua mãe não o recebesse, porque já estava há muito tempo fora de casa sem dar notícias, ele já tinha onde ficar. Disse que não precisávamos nos preocupar pois junto aos trutas ele teria segurança e apoio.

Foi então que no dia seguinte nos despedimos, desejando muita sorte um ao outro. E cada um dos três foi procurar sua turma e ficamos na construção eu, Valter e Dinei. Nosso plano imediato era tentar conseguir dinheiro para a passagem de volta para casa. Isso poderia ser um pouco complicado, afinal não tínhamos documentos, mas estávamos determinados e cheios de esperança.

•••

Capítulo 1 2 3 4 5 6 7 8 9 10 11 12 13 14 15 16 17

Susto

Estávamos sem dinheiro e não pensamos em consegui-lo de forma ilícita por não sermos ladrões. Precisávamos fazer alguma coisa, tomando os devidos cuidados para não sermos pegos, nem pela polícia e nem pelo Sem Nome. Por mais que parecesse vergonhoso pedir, não havia outro jeito.

Saímos os três e fomos a uma feira que estava montada em uma rua acima da que estávamos. Abordamos uma senhora e nos oferecemos para carregar suas sacolas. Ela nos ignorou, benzeu-se e continuou andando a passos rápidos, como se fôssemos trombadinhas.

Abordamos um casal, mas eles também não nos deram atenção, parece até que nem viram a gente, ou se fizeram de surdos.

Olhei para o Valter e vi que estava chorando. Ele disse:

— Estamos fritos. Ninguém vai ajudar, pensam que a gente quer roubar. Todos fogem com medo.

Tive muita pena dele e o abracei com carinho. Dinei nada dizia, mas vi que rezava baixinho, confiante na ajuda do alto.

Vi passando ao nosso lado uma senhora toda brilhante. Seu rosto era sereno e havia em torno dela uma luz estranha, feito um arco-íris. Senti que ela iria nos ajudar.

Numa rápida conversa, decidimos fazer diferente. Mostrei-a para os meninos e resolvemos segui-la em silêncio.

Ela arrastava um carrinho cheio de frutas e verduras ladeira acima. Temendo sermos novamente ignorados, resolvemos ajudá-la sem que ela nos visse, pois percebemos que arrastava o peso com bastante dificuldade; quem sabe nos desse alguma gorjeta depois? Pusemo-nos a empurrar o carrinho para ela. Acho que ela percebeu, pois até respirou aliviada. E fomos empurrando morro acima, levantando-o nos degraus até chegar à sua casinha, lá no alto.

Ela não nos convidou para entrar, mas nem por isso ficamos chateados. Havia em nós uma certeza, tirada não sei de onde, de que iríamos ser ajudados.

Ficamos sentados na calçada enquanto ela guardava as compras. Daí a pouco saiu, dando recomendações às crianças para fazerem as lições que ela logo voltaria para almoçarem e levá-los à escola. Pediu a eles para desligarem o fogo se a água do arroz secasse antes que ela pudesse retornar.

O cheiro da comida nos deu uma imensa fome. Como o portão estava só encostado, resolvemos entrar um pouquinho na lavanderia para tomar um pouco d'água na torneira do tanque.

Os garotos estavam fazendo a lição e paravam a todo o momento para pesquisar as palavras no dicionário. Cheguei perto de um deles e ofereci ajuda em troca de uma fruta. Ele deu um meio sorriso e se concentrou na atividade. Fui lendo e lhe falando as respostas. Valter fez o mesmo com o garoto que estava do outro lado da mesa. Em poucos minutos as lições estavam feitas e eles foram para a sala ver televisão. Parece que não se importaram com a nossa presença. Aproveitamos a deixa e comemos, às pressas e às escondidas, algumas frutas. Como não se importaram conosco, fomos para a sala a fim de vermos um pouquinho de televisão antes que a mãe deles voltasse.

Reparei que aquela casa simples parecia um pedaço do céu. Quando a gente respirava era como se o ar viesse cheio de alimento. Os meninos viam televisão e brincavam ao mesmo tempo, rindo feito dois anjos. Nós também estávamos meio infantilizados, como se nunca tivéssemos visto televisão. Dava a impressão de estarmos acordando de um sonho.

Assim que a mãe deles chegou, entrou pela cozinha, olhou os cadernos e foi até a sala abraçá-los.

Ao ouvirmos seus passos, rapidamente nos abaixamos atrás do sofá. Não queríamos parecer intrusos, invadindo sua casa enquanto estava ausente, mas também não deu tempo de escaparmos. Ela estava feliz.

— Parabéns! Fizeram tudo direitinho. Agora vão tomar banho e se arrumar. Vou terminar o almoço para depois vocês irem para a escola.

Os garotos saíram correndo. Minutos depois voltaram cheirosos e arrumados com uniformes escolares. Ela almoçou com as crianças e saiu com eles em seguida.

Esperávamos uma oportunidade para sairmos sem sermos vistos. O pior é que ela trancou a porta nos deixando presos e passou a tarde toda fora. Não dava para pular a janela porque havia grades em todas elas. O jeito era ir ficando por ali, procurar algo para fazer enquanto aguardávamos.

O controle remoto estava sobre a mesinha de centro. Eu não queria tirar nada do lugar para não denunciar a nossa presença. Com cuidado, apertei o botão, tentando ligar a televisão, mas não consegui. Pensei que o controle remoto estivesse com problema, com o botão liga-desliga afundado, então experimentei o botão da TV. Com um grande susto verifiquei que o meu dedo não parou quando apertei. Foi um susto e um choque. Tentei novamente e vi que acontecia a mesma coisa. Deu uma tremedeira enorme. Olhei para os meninos e vi que estavam distraídos conversando baixinho entre si. Como não estavam olhando e percebi que não dava para ligar o aparelho, tentei apanhar uma revista na estante. Aconteceu o mesmo: minha mão atravessou o papel como se ele não existisse. Instintivamente levei a mão à cabeça e puxei meus cabelos. Bem, eles estavam ali. Bati um pé no outro, belisquei meu braço, vi que eu estava inteiro naquele ambiente. Então comecei a tocar as coisas ao meu redor. Meu coração começou a disparar. O que estava acontecendo?

Chamei os meninos e mostrei a eles. Vi que não se surpreenderam, apenas entreolharam-se com desalento.

— Calma, Dani, nós também percebemos isso – falou Valter, olhando pro chão.

— E por que não disseram?

— Ficamos confusos.

— Será que somos transparentes? – perguntei assustado.

— Não sabemos – disse Dinei – só sei que quando pus o braço no ombro do garoto que você estava ensinando, ele se assustou, olhou para trás e continuou fazendo a lição. Tive a impressão de que ouvia o que a gente dizia, mas não nos via. Até fiz caretas, um monte de gestos para aquele que estava com o Valter e ele não deu importância, parece que nem percebeu.

— Será que é por isto que as pessoas na feira nos ignoraram? Talvez nem nos vissem...

— Caramba... Será que ficamos invisíveis? Vai ver foi o efeito da camuflagem que ainda não passou.

— Se fosse isso a gente não se via, nem se ouvia. Não nos falamos o tempo todo?

Uma grande confusão se instalou em nossa mente. Lembrei-me da Toca do Conde, das pessoas com quem falamos, da festa que fomos... Fiquei mais assustado ainda. Refleti com certo remorso: "Será que aquelas garotas não viram quando passei a mão em suas partes? Vi que se encolheram, parecendo gostar, mas ignoraram minha presença. Será que me viam? E o bêbado? Fui eu quem o empurrou para a calçada. Com certeza ele me ouvia, caso contrário não teria dado o endereço da rodoviária..."

Foi Claudinei quem me acordou para a vida.

— Você já viu gente falando sozinha?

— Já vi gente até gesticulando pela rua...

— Principalmente os bêbados...

— É... Será que falam com fantasmas?

Valter arregalou os olhos.

— Fantasmas?

— Será que eles existem?

— Ai, Dani, estou ficando com medo. Vamos sair daqui. Vai ver esta casa é mal-assombrada.

— Calma, Valter. Estou pensando outra coisa. Pode ser que tudo esteja certo e nós é que somos as assombrações. Você não percebe que estamos meio perdidos, desorientados? Não é normal ninguém dar bola para a gente. Nós entramos na casa e os garotos nem ligaram. É como se a gente nem estivesse aqui.

— Ué, mas para virar assombração só se a gente tivesse morrido. E nós não estamos aqui, vivinho da silva?

— Pelo menos é o que parece, mas há alguma coisa estranha que precisamos descobrir.

— E se a gente ficar aqui mais um pouco? Parece que a mulher é gente boa. Já que somos invisíveis, vamos ficando até descobrir mais alguma coisa. Depois a gente dá um jeito de ir para casa.

Todos concordaram. Resolvemos nos deitar um pouco num local escondido para descansar ou colocar a cabeça em ordem. Os meninos dormiram logo, mas eu fiquei pensando...

• • •

Viver é maravilhoso. Ainda que estejamos doentes, feridos ou abandonados, há dentro de nós uma força invisível que nos impulsiona para a vida. A gente quer viver a todo custo, porque quer continuar respirando, vendo as pessoas, o mundo a nossa volta. E o que é a morte? Será o fim de tudo?

Uma vez eu estive em uma igreja. O pastor dizia que aqueles que aceitassem Jesus seriam salvos. Meu Deus! Eu não quis aceitá-Lo naquele dia. Na verdade, sempre acreditei n'Ele e o aceitava em meu coração como um grande Mestre, um Iluminado que esteve na Terra pregando a Verdade. Ele sempre esteve muito vivo em minha mente. Eu não achei que precisasse passar pelo ritual daquele batismo para poder aceitá-Lo. E também fiquei me perguntando: Estarei salvo de quê? Dos pecados do mundo? E como vou viver neste mundo? Como um anjo? No fundo eu queria ter direito a entrar naquele reino de Deus do qual ele falava com tanto entusiasmo. E o resto de minha família? E meus amigos? Eu não gostaria de ficar no Reino sem eles. O problema é que eles seguiam outras religiões. Ali o pastor falava de ressurreição; que a gente ia morrer e ficar dormindo no túmulo até o Juízo Final, quando Jesus voltaria para ressuscitar seus eleitos e estes viveriam na nova Terra. E se minha mãe não desejasse se batizar? Eu não ia querer ficar nessa Nova Terra sem ela. E se o Juízo Final demorasse muito? Meu corpo não agüentaria tanto tempo debaixo da terra. Eu ia me asfixiar e morrer de vez, para sempre. E o que aconteceria com as outras pessoas de outras religiões? Seriam todas atiradas ao fogo, feito joio inútil? O Deus no qual eu acreditava jamais faria uma coisa dessas com seus filhos...

Um monte de dúvidas se instalou em minha mente. Resolvi refletir um pouco e não voltar mais àquela igreja até entender melhor.

Passados mais alguns dias fui a outra igreja com minha avó. Ela ia todas as semanas, participava das missas e das procissões. Era uma pessoa toda contrita. Lá fiquei até sem graça porque parecia que as pessoas já sabiam a missa de cor e salteado.

Pelo folheto fui acompanhando os rituais, as leituras e o Evangelho. Achei legal, mas não gostei muito de ouvir sobre inferno e purgatório. Se era como o padre dizia, eu estava ferrado, pois não era tão bom para ir direto para o céu, quando morresse, e nem tão ruim para ir direto para o inferno. Ou seja, meu lugar, e acredito que o da maioria das pessoas, era mesmo o purgatório e pelo que o padre disse não era um lugar tão bom assim, pois eu teria de purgar todos os meus pecados até ficar puro o bastante para merecer o céu, onde eu ficaria no colo de Jesus. A grande vantagem era que no céu, eu ficaria toda a eternidade sem precisar me preocupar com mais nada.

De novo eu pensei na maioria das pessoas que eu gosto. E se elas não fossem comigo? Pensei também nas pessoas das outras religiões, que defendem outras idéias. Nos índios, que cultuam a natureza e seus deuses particulares, nas várias tribos espalhadas pelo mundo, nos budistas, nos hinduístas, nos protestantes, nos muçulmanos, nos judeus, nos ateus... Em todo mundo. Então Deus selecionaria um grupo para ficar com Ele por toda a eternidade lá, no bem bom, sem nenhuma preocupação, e deixar o restante das pessoas entregues à sua própria sorte? A compreensão que eu tenho de Deus é de que Ele é bom, misericordioso, poderoso, glorioso, fonte do bem, manancial de amor e Senhor de todo o Universo. Com certeza queria todos os Seus filhos felizes e ao Seu lado. Até os pais da Terra, que são reles mortais ainda cheios de pecados e outras imperfeições, querem seus filhos, por pior que sejam, sempre felizes e ao alcance de seus olhos Por que Deus, que é Tudo, perderia um dos seus?

Saí de lá com muitas dúvidas, mas foi ótimo ir pois foi uma oportunidade para continuar a reflexão. Descobri que ou sou muito burro ou tenho um Deus particular que me permite olhar a humanidade como um grande grupo que tenta, cada membro do seu jeito, achar o caminho da felicidade e encontrá-Lo em sua caminhada pela vida. Acredito num Deus que olha e zela por mim, independente do que sou e da igreja que freqüento, por que Ele é Deus. E Deus é Deus; é Tudo. As pessoas pensam de formas diferentes, por isto existem tantas religiões, para que elas encontrem seu jeito de se ligar a Ele. Sem Deus em nossa vida a gente fica perdido, meio solto no espaço, sem ter onde se segurar. Não acredito que Ele eleja alguns e exclua outros. Sua Infinita Paciência espera que cada um encontre seu caminho e seu jeito de servi-Lo.

...

Minha mãe foi algumas vezes a um Centro Espírita Não fui junto porque fiquei com medo, não gostava da idéia de falar com alma do outro mundo. Ela comprou um livro, um tal de Livro dos

Espíritos, que falava tudo sobre o assunto. Só de olhar para ele lá na estante dava medo. Se as pessoas não morriam, então viravam almas do outro mundo; mas alma fala e escuta?

Minha avó contava uma história de que certa vez, sua mãe falara com uma alma.

Antigamente as pessoas, principalmente as mulheres, tinham tear em casa. Elas tratavam o algodão, que elas mesmas plantavam, fiavam linhas num fuso, depois transformavam estas linhas em tecidos com os quais produziam roupas, cobertores e outros itens do vestuário. Esta prática era normalíssima na época.

Ocorreu que a mãe de minha avó estava dormindo e acordou com um barulho na sala. Havia alguém mexendo em seu tear. Ela se levantou e foi olhar. Não havia ninguém na sala. Assim que voltou para a cama o tear começou a funcionar sozinho. Ela se assustou e novamente foi ver. Ao constatar que não havia ninguém acordado na casa, retirou uma peça do tear para que ele não funcionasse e voltou para a cama. A essa altura não conseguiu mais dormir. Relaxou e esperou.

Minutos depois sentiu seu corpo se arrepiar, suas pernas adormecerem e um grande formigamento generalizado. Naquele momento ela se lembrou de uma sua conhecida que havia falecido havia pouco tempo. Começou a rezar em sua intenção. Antes de terminar a oração viu o canto do quarto clarear com uma luz meio esverdeada. Ficou atenta, mas continuou orando. Foi então que viu, no meio da luz, o espectro de sua conhecida. Ela fez uma oração específica para deixar a alma à vontade e ela, a tal alma, pediu para que fiasse uma quantidade de linha, acho que uma quarta, e pagasse a uma certa senhora, pois ela, a alma, adoecera e morrera sem ter tempo de pagar esta dívida e estava com peso na consciência.

Minha bisa prometeu que fiaria a linha e faria o pagamento. A alma agradeceu. A luz foi se afastando e sumiu.

Ao me lembrar desta história começo a achar que a vida após a morte é perfeitamente possível. Mesmo que a gente vá para o céu, inferno ou purgatório, ou limbo, ou erraticidade, como diz minha mãe, a gente continua vivo. Não vivo de carne e osso, mas de outro jeito.

Lembro-me agora do momento em que estávamos perdidos na caverna. Com certeza já éramos assombrações e víamos um ao outro por estarmos do mesmo lado. Se ali perto havia uma cachoeira e nestes locais é comum as pessoas fazerem rituais, talvez algum integrante com sensibilidade nos pressentiu e por isso acendeu uma vela "para as almas". Foi com a intenção dessa pessoa em clarear nosso caminho que nós conseguimos sair. Deve ter pensado em luz e mandado pensamentos de amor. Talvez nem saiba que nos ajudou. Que Deus a recompense.

Nossa! Até me surpreendi com o que pensei. Será que estou vivo de outro jeito? Estar vivo de outro jeito significa estar morto do jeito normal. Começo a entender o que houve. E preciso contar isto aos meninos e, principalmente, avisar o Tarcísio. Aposto que ele não acredita nisso. O problema é que ainda estou perdido e provavelmente bem longe de casa. Vai ser difícil convencer o Dinei e o Valter de que podemos estar mortos. Eles também não acreditam em vida após a morte.

Sei que minha mãe deve estar rezando por mim porque meus pensamentos estão se firmando e consigo ver tudo com mais clareza. Sinto que perdi um pouco a noção de tempo e espaço. Parece que estou preso num labirinto. Lembro-me da caverna e do sufoco que passamos. É muito provável termos morrido afogados. Ou asfixiados. Ou em decorrência das pancadas. Nossos corpos podem ter se enroscado em alguma passagem estreita, buraco ou vão de pedra. Quando demos por nós, parecia que acordávamos de um sonho. E como é que resistimos tanto tempo sem comer? E por que nos deixamos levar pelo pessoal da Toca do Conde, assim feito cordeirinhos? Como se estivéssemos presos por uma teia invisível, ou dominados por alguma força maior?

No começo pensamos na FEBEM, numa prisão por roubo, mas mesmo assim a gente podia ter reagido de outro jeito. Parece que nós três estávamos sob o jugo do chefe, como se controlados eletronicamente. Ele mandava e a gente obedecia, cheios de medo e impotência. E que lugar era aquele? Parecia um núcleo organizado, com chefes, subchefes, líderes, departamentos... Será mesmo possível lugares assim "do outro lado" ou será que tudo não passou de um sonho e daqui a pouco vou acordar em minha cama?

Os meninos dormiam como anjos. Fiquei pensando que eles provavelmente já haviam entendido parte do que nos acontecera, mas estavam confusos e esperavam que eu desse um jeito na situação, conduzindo-os para um lugar seguro.

Eu não sabia o que fazer porque também me sentia perdido. Respirei profundamente e me ajeitei ao lado deles. Pedi a Deus, com toda a força do meu coração, que nos mostrasse um caminho, pois queríamos dar um rumo às nossas vidas. Com esse pensamento bom também adormeci.

•••

Capítulo 1 2 3 4 5 6 7 8 9 10 11 12 13 14 15 16 **17**

Graças a Deus!

Não sabemos por quanto tempo dormimos. Acordamos com o barulho das crianças correndo pela casa. Fiquei assustado. Resolvemos esperar a dona da casa se descuidar um pouco para sairmos. Mesmo invisíveis não queríamos ficar ali, como visitas indesejadas. E se é verdade que algumas pessoas conseguem ver almas, não queríamos correr o risco de assustar ninguém.

O problema é que estávamos com medo de sair à rua, pois entre os mortos não há a necessidade de ter vidência; a gente se vê e convive como se fosse vivo, de carne e osso. Não sei se em outras esferas é diferente, mas no patamar onde nos encontramos às vezes é difícil até para nós distinguir de que lado a pessoa está. Imaginei que o tal do Sem Nome já devia ter dado por nossa falta e provavelmente nos procurava. Corríamos um grande risco.

Perto da casa onde estávamos havia um boteco. Pela janela vimos quando encostou um carro cheio de bandidos. Exibiam suas armas e falavam alto, num linguajar tão cheio de gírias que não entendi quase nada. Vi que Sem Nome e outros do grupo estavam junto. Meu coração começou a bater na garganta. Se ele estava tão perto, era provável que soubesse que estávamos por ali também. Só faltava o danado ter um rastreador! Pensei nisso e comecei a rezar para estar enganado.

Fiquei observando discretamente. Muitos garotos apareceram e foram entregando dinheiro enquanto pegavam sacos de papel contendo algo. Entendi que eles eram os tais aviõezinhos, que entregavam droga em troca de alguns trocados.

Por um momento pensei em sair da casa e me apresentar. Eu contaria uma história qualquer e esperaria outro momento para fugir. O problema é que eu não queria envolver a dona da casa em nosso problema. O tal do Sem Nome podia querer se vingar dela, achando que nos deu guarida. Vi que meus amigos estavam trêmulos e com medo de aparecer. Certamente, não queriam perder aquela oportunidade. A gente precisava aceitar o fato de ser fugitivo e tentar dar um rumo para nossas vidas, longe daquele grupo. Ainda tive a impressão de que havia um véu colorido ou uma rede envolvendo a casa onde estávamos. Seria também um tipo de camuflagem?

Tão distraído eu estava que nem vi quando um dos garotos passou por dentro de mim. Levei um choque tão grande que quase caí. Ainda me abaixei para amparar o garoto, que caiu aos meus pés, mas não consegui tocá-lo. Era a confirmação de que realmente estávamos mortos e que naquela casa não passávamos de assombrações.

Ao anoitecer o marido da mulher chegou do serviço. Era um senhor com cara de bravo, daqueles que adoram distribuir ordens. Após o jantar, sentou-se no sofá e ligou a televisão. A mulher saiu com uma amiga, provavelmente para alguma igreja.

Como sabíamos que não éramos vistos, sentamos todos no sofá, junto com o homem, para assistir ao noticiário e depois ao Programa Eleitoral Gratuito.

Foi então que vimos com assombro, aparecer o rosto de um candidato conhecido. O tal homem a quem precisávamos desviar do caminho estava no vídeo prometendo lutar contra o tráfico de drogas e a violência. Dizia que era necessária a ação eficaz da polícia no cerne do problema; que era preciso caçar e destruir os laboratórios de refino de drogas e investir muito na recuperação dos dependentes. Se eleito fosse, lutaria para tirar as crianças das ruas e criar algum mecanismo para obrigar os pais a não só manter as crianças na escola, que é obrigatório por lei, mas também acompanhar o seu desenvolvimento e sua disciplina. Tinha fé em Deus e na força da verdade. Lutaria para reverter a situação de abandono e fez tantas promessas como a amioria dos candidatos..

Pensei: "O que terá acontecido? Se esse cara está assim, todo cheio das boas intenções, então Camaleão falhou. O bem está vencendo...", imediatamente liguei os fatos. O laboratório de refino descoberto e implodido pela polícia, conforme a manchete do noticiário, era o daquele homem e ficava bem no QG do grupo do Camaleão. Pode ser que o próprio dono, já mudando de lado, tenha dado a dica. Teria virado crente? Seria efeito das orações? Era até difícil imaginar uma mudança daquelas.

O dono da casa começou a bocejar. Fazia calor, mas ele apanhou um cobertor e cobriu-se, como se sentindo calafrios. As crianças começaram a rir, perguntando se ele estava com febre. Ficou irritado e mandou que fossem para a cama. Ainda ficou algum tempo tentando se ajeitar, mas acabou indo dormir também.

Podíamos ter aproveitado o silêncio e saído, mas não sentíamos vontade alguma de deixar aquela casa. Não queríamos fazer mal a ninguém, mas também não tínhamos para onde ir. Acalentávamos a esperança de conseguir ajuda. De alguma forma sabíamos que não poderíamos voltar para nossas casas, pois lá também não seríamos vistos nem ouvidos. Conversamos bastante e nós três tivemos a plena consciência do nosso estado. Só nos restava rezar e pedir a ajuda de Deus.

Sozinhos e sem televisão, a gente acabou se ajeitando num canto e dormindo também.

...

Não sei explicar como chegamos àquele lugar. Minha última lembrança era a de estar na casa, dormindo num cantinho escondido. Nem sei quanto dormimos, sei que quando abri os olhos, eu e meus amigos estávamos numa maca branquinha em um lugar cheio de médicos e enfermeiros. Havia no ar uma gostosa sensação de paz e serenidade, e muitas luzes coloridas que pareciam uma chuva fininha caindo sobre todos que estavam ali.

Ainda sem entender, olhei para os lados. Vi que se tratava de um hospital porque havia inúmeras macas com doentes, grande quantidade de médicos e enfermeiros e muita gente sendo atendida. Parecia um pronto-socorro.

Havia uma sala onde uma senhora palestrava. Muitas pessoas estavam sentadas em silêncio, mas além das paredes, uma multidão se fazia ouvinte. Era como um grande auditório invisível. Somente naquele instante percebi que podia enxergar através das paredes.

De uma coisa eu tinha certeza: nós três estávamos mortos, mas mortos bem vivos! Vivos para sempre!

Sentei-me na maca e cochichei com os meninos:

— Agora sim, encontraremos nosso rumo. Daqui para a frente o nosso destino será melhor. A vida continua mesmo! Este lugar é um verdadeiro hospital para as almas.

Valter arregalou os olhos.

— Então somos mesmo almas do outro mundo, sem a menor sombra de dúvidas? Quando conversamos lá na casa eu aceitei porque era minoria, não tinha aceitado de verdade, dentro do coração.

— Somos sim, meu amigo, e só agora compreendo o que minha mãe tentava me explicar e eu tinha medo de entender.

Claudinei observou.

— Eu percebi que éramos assombração desde que entramos naquela casa. Foi até bom a gente ter se escondido, assim não causamos medo nas crianças.

— E como é que viemos parar aqui, será que fomos escorraçados?

Eu também não sabia como tinha acontecido, mas nem deu tempo de pensar numa resposta porque naquele instante fomos levados para outra sala. Então observei que a boa senhora, dona da casa onde ficamos, se encontrava lá. Estava sentada numa cadeira, profundamente concentrada. Apontei para ela.

— Foi ela quem nos salvou, e provavelmente, quem nos trouxe.

Naquele momento tive um grande desejo de abraçá-la demoradamente. Aquela senhora que não nos conhecia havia nos conduzido àquele lugar de luz. Em pensamento agradeci a ela com todo o amor de meu coração. É provável que ela nem soubesse a exata dimensão do bem que nos fazia.

Havia naquele lugar muitas pessoas normais, digo, vivas. Umas em busca de ajuda e outras prestando ajuda tanto aos vivos quanto aos "mortos" como nós. Tudo era muito novo e diferente. Jamais imaginei que o trabalho nos centros espíritas fosse daquele jeito. Vi que os médiuns são verdadeiros anjos, pois doam o seu tempo e suas energias para ajudar as pessoas. De suas mãos saem jatos de luz que limpam a aura das pessoas e revigoram seus corpos. Acho que nem eles sabem do efeito que produzem nos espíritos dos "mortos" e dos "vivos". É tudo tão bonito que é difícil explicar.

Vi também que os médiuns não trabalham sozinhos. Ao lado deles há sempre um espírito cheio de luz, que direciona suas mãos e trabalha através deles.

Havia também espíritos nervosos e enraivecidos. Juravam de pé junto que não estavam mortos, que foram levados para aquele lugar contra a sua vontade, que não queriam sair de onde estavam. Outros diziam que estavam trabalhando e que se seu chefe descobrisse que estavam ali eles sofreriam terríveis castigos. No entanto, não queriam continuar trabalhando como escravos. Diziam que aquele lugar era muito bom e que as pessoas tinham carinho por eles. Acabavam implorando ajuda, no que eram prontamente atendidos.

Existiam também aqueles irmãos difíceis de "domar", que não queriam abandonar seus postos de chefia porque se sentiam poderosos. Nessas horas eles eram envolvidos numa aura de amor e luz e acabavam cedendo, diante da perspectiva de liberdade e paz. Então seus comandados o seguiam e todos eram conduzidos para a luz do esclarecimento e da redenção.

Muitos outros se envergonhavam do estado deplorável em que se encontravam, sujos e molambentos, mas eram ajudados da mesma forma e saíam agradecidos.

Depois de algum tempo ali, fui colocado ao lado de uma senhora. Eu não sabia que podia ser ouvido pelas pessoas vivas. Foi maravilhoso. Através dela eu pude expressar minha gratidão, contar resumidamente o que tinha acontecido comigo e meus companheiros, pedir desculpas pela "invasão da privacidade daquela família" e agradecer por ser encaminhado para o hospital e receber tratamento e cuidados.

Graças a Deus! Logo depois dos primeiros socorros ali mesmo, fomos encaminhados para uma Colônia onde pudemos compreender melhor nossa história.

Entendi que minha relação com o Valter, Dinei e você, Tarcísio, é muito mais antiga do que parece. Não fomos os "bons rapazes" que parecemos ser hoje. Até chegarmos ao ponto em que estamos agora já passamos por muitas encarnações e tivemos que enfrentar muitas provas. Não somos inocentes e ainda temos muito o que aprender.

O período em que estivemos perdidos na caverna não foi nada se comparado às prisões que edificamos para aprisionar nossos desafetos no passado. E o tempo no cárcere da zona umbralina, lá na toca do Conde, foi um hotel de luxo se comparado ao que proporcionávamos aos nossos prisioneiros.

Tínhamos mesmo que passar pelo que passamos e, agora que pude ver parte do "filme" de nossas vidas passadas, ainda me sinto cheio de dívidas e vou lutar para que tenha a oportunidade de reencarnar para buscar a melhoria através do amor e da caridade. A vida no corpo físico é uma grande oportunidade para nos ajustar com as pessoas a quem prejudicamos no passado.

Foi um pouco difícil aceitar os fatos, mas depois de tantos transtornos, Deus nos deu forças para compreender e continuar nossas vidas.

Fiquei pensando no fato de que a maioria das pessoas que estão na Terra vivendo num corpo de carne e osso não tem a menor idéia de como é a vida. Sei que existem inúmeros livros falando sobre o assunto, mas tem muita gente que, por pura ignorância, tem até medo de ler. Pensam que espíritos são demônios que vivem atormentando as pessoas. Não duvido que alguns até atormentem. Na nova condição, sem o envoltório físico, ou seja, o corpo de carne e osso, fica relativamente fácil agir e não ser visto. Tem espírito que se aproveita dessa situação.

Pelo pouco tempo que passei na Toca do Conde, deu para perceber que muitos ali vivem infernizando as pessoas encarnadas; uns até ganham para isto. Outros fazem por pura diversão. A bem da verdade, eu mesmo fui obrigado a fazer o papel de "encosto" quando influenciei as garotas a usarem drogas e fazer sexo com os rapazes na primeira festa que fui a serviço do Camaleão. Espero ter oportunidade de reverter o mal que causei.

...

Lembro-me que quando vi os anúncios num dos pavimentos da Toca nada entendi. Só agora percebo que ali era uma verdadeira escola do mal. Um dos anúncios foi o que mais chamou minha atenção:

"*Vingança? Garantimos o seu direito; mas nunca tente sozinho. Peça orientação para um de nossos instrutores ou, se preferir, contrate os nossos serviços. Temos pessoal gabaritado com larga experiência nos dois planos...*"

Naquele momento fiquei "boiando", mas ali no centro, observando os trabalhos enquanto esperava a minha vez de passar pela incorporação, vi espíritos acossados pelo medo. Eles tinham sido pagos para fazerem serviços de obsessão, como vingança para outros e, sem saberem de que modo, foram levados para o centro.

Tinham a orientação de abandonar o posto de trabalho para mudarem de vida e eram encaminhados para a luz e para a liberdade, mas tinham medo de serem perseguidos por seus chefes ou contratantes.

Outros estavam desencarnados há muito tempo e não tinham idéia do que havia acontecido. Era necessário sentir-se novamente em um corpo de carne, através da incorporação, para perceberem a diferença entre um estado e outro.

Vi ainda espíritos revoltados por terem perdido o corpo, por não serem ouvidos em suas casas, por verem sua posição de chefe de família substituída por outro marido, por verem outras pessoas dispondo de seus bens e por muitas outras coisas.

Vi também espíritos bem intencionados, que estavam convivendo com seus afetos tentando ajudá-los sem saber que os prejudicavam. Diante de tantas situações, e do carinho e paciência dos trabalhadores do centro, fiquei deslumbrado. Tanto que quando chegou a minha vez de falar, minha vontade era de agradecer, agradecer e agradecer. Eu tinha certeza de que uma vida nova se abria a minha frente.

...

Algum tempo depois, com a ajuda desses novos amigos, pudemos visitar nossos familiares. Percebi que os tais "inimigos" do Camaleão eram aqueles trabalhadores da Seara de Jesus, que trabalham incansavelmente no resgate de irmãos perdidos ou escravizados nas muitas colônias do mal.

Meu caro Tarcísio, há muito para ser revelado mas não posso abusar da boa vontade deste anjo que aceitou escrever nossa história. Além disso, somos novos aqui e ainda temos muito a aprender. Descobri que nós quatro temos problemas a resolver com o tal do Sem Nome e outros chefes da Toca do Conde. Sei que não estivemos por lá de gaiatos e que a experiência foi necessária para nosso aprendizado.

Como disse, ainda temos muito para aprender e bastante história a ser relembrada, mas fica para outro momento. Agora que nos achamos, espero que você também se encontre aí do outro lado. Conto com você para juntar nossas histórias e passar adiante.

Diga para nossas mães que estamos bem e muito felizes. Fizemos algumas visitas em seus sonhos, mas ainda não deu para conversarmos como no centro.

A senhora que me ajudou passando a limpo os meus rascunhos prometeu que enviará uma cópia para você. Vá a algum centro Kardecista e converse com as pessoas. Mostre os escritos para alguém e peça ajuda caso necessário. Nós vamos ficar torcendo que dê tudo certo.

Não desista de sua vida. Confie em Deus e agradeça sempre. Lembre-se de que tudo está certo. Deus jamais erra.

Nós amamos você. Muito!

Abraços dos amigos

DANIEL, CLAUDINEI E VALTER.

Acabei de ler o material deixado comigo pelo Tarcísio. Gostei muito e vou tentar ajudá-lo. Estou feliz por saber que a partir do relato de seus amigos ele próprio foi amplamente beneficiado.

De uma coisa tenho certeza: ele não está louco. Quando voltar a este centro vou orientá-lo a participar dos nossos cursos para melhor compreender os fenômenos. Sabemos que ainda não possuímos todas as respostas, mas as buscamos por meio do estudo e do trabalho no bem.

Vou dizer a ele que é um felizardo, pois muitos jovens de sua idade ainda não despertaram para esta realidade. É preciso ter calma e dar um passo de cada vez. Cada um está onde precisa estar e tudo está certo.

Que Deus o abençoe.

São Bernardo do Campo, março de 2008.

Rosa Rodrigues

Impressão / Acabamento
Editora Gráficos Unidos
Fone/Fax: 11 3208-4321
e-mail: editoragraficos@uol.com.br